Rauh
FIT UND FAIR IM NETZ

FELIX RAUH

FIT UND FAIR IM NETZ

Strategien zur Prävention von Sexting und Cyberbullying

der bildungsverlag
www.hep-verlag.com

Felix Rauh

FIT UND FAIR IM NETZ
Strategien zur Prävention von Sexting und Cyberbullying
ISBN Print: 978-3-0355-0479-8
ISBN E-Book: 978-3-0355-0357-9

Gestaltung: Jeanette Besmer, Bern

Bibliografische Information der Deutschen Nationalbibliothek:
Die Deutsche Nationalbibliothek verzeichnet diese Publikation
in der Deutschen Nationalbibliografie; detaillierte bibliografische
Daten sind im Internet über http://dnb.dnb.de abrufbar.

1. Auflage 2016
Alle Rechte vorbehalten
© 2016 hep verlag ag, Bern

www.hep-verlag.com

Zusatzmaterialien und -angebote zu diesem Buch:
http://mehr.hep-verlag.com/fit-und-fair

INHALT

VORWORT

Die digitale Welt eröffnet Kindern und Jugendlichen ungeahnte Möglichkeiten im sozialen Umgang. Neben den Chancen, vielfältige Informationen aufzufinden, erweitert das digitale Netz unsere Welt um eine schnelle, bildhafte und worthafte, jedenfalls ortsungebundene Kommunikation und Navigation durch das gesellschaftliche Leben. Es kann Menschen zusammmen führen, helfen Kontakte zu schließen und Freundschaften zu pflegen.

Die scheinbare Unbegrenztheit von Smartphone & Co ermöglicht jedoch auch unerwünschte Grenzüberschreitungen, die mit den Begriffen »Cyberbullying« und »Sexting« beschrieben sind, und die eine Netz-Öffentlichkeit missbrauchen, um Privatsphäre und Intimität bewußt zu verletzen, Betroffenen zu schaden und sie existentiell zu bedrohen.

Die damit verbundenen Herausforderungen für frühkindliche Erziehung und pädagogische Begleitung von Kindern, Jugendlichen und jungen Erwachsenen durch Eltern, Schule und professionellen Praktikern begegnet Felix Rauh mit dem in Beratung, Bildung und Therapie bewährten lösungs- und ressourcenfokussierten Ansatz.

Das Buch gibt konkrete Handlungsempfehlungen für einen konstruktiven Umgang mit Neuen Medien und den damit verbundenen Problematiken wie Cyberbullying und Sexting. Es werden alle Akteurinnen und Akteure zu konstruktiven Lösungen und Selbstwirksamkeit eingeladen.

»Fit und fair im Netz« vermittelt allen, die mit Kindern leben und professionell tätig sind, *einfach*, *kurz* und *gut* wichtiges Wissen und praktische Anregungen zur Nutzung digitaler Medien. Der Ratgeber besticht durch die Plakate und Illustrationen – Bilder sagen bekanntlich mehr als tausend Worte. Gut, dass es dieses praxisbezogene und ermutigende Buch gibt: einfach dreidimensional und ohne Touchscreen zu *begreifen*.

Wir freuen uns über dieses Buch und wünschen ihm eine große Verbreitung.

Heinrich Dreesen und Manfred Vogt
Psychologische Kinder- und Familientherapeuten
Norddeutsches Institut für Kurzzeittherapie, NIK, Bremen

EINLEITUNG

Ständig klingelt, summt und blinkt es: Überall sehen wir Menschen, die scheinbar nonstop an ihrem Smartphone kleben. Die digitalen Medien haben den Alltag erobert und unser Kommunikationsverhalten radikal verändert. Sie durchdringen zunehmend alle Lebensbereiche und verwischen traditionelle Grenzen zwischen Persönlichem, Privatem und Öffentlichem. Die Omnipräsenz des Internets ist Segen und Fluch zugleich, sie gehört heute wohl zu den zentralen Herausforderungen bei der Erziehung von Kindern und Jugendlichen.

Mütter und Väter fragen sich, ob, wann, wie lange und wofür Kinder die neuen Medien nutzen sollten. Sie befürchten, dass ihr Kind im Internet mit nicht altersgerechten Inhalten konfrontiert wird, dass der Internetgebrauch zeitlich entgleitet und zu körperlicher Inaktivität verleitet. Erziehende fragen sich besorgt, ob eine Generation heranwächst, die gänzlich vom Internet und dessen digitalen Endgeräten abhängig ist.

In der turbulenten Phase der Pubertät werden Dynamiken und Konflikte durch den Brandbeschleuniger Internet schnell unkontrollierbar und gravierend. Cyberbullying und Sexting gehören zu den Schattenseiten von Social Media und verursachen einerseits viel persönliches Leid, anderseits können sie das Klassen- und Lernklima negativ beeinflussen. Betroffen davon, reagieren Jugendliche, Eltern und Lehrpersonen oft ohnmächtig, überfordert oder mit Schuldzuweisungen. Während sich Lehrpersonen Eltern wünschen, welche die Mediennutzung ihrer Kinder eng begleiten, argumentieren Eltern, dass es sich bei Onlinekonflikten um die virtuelle Dimension von Turbulenzen und Dynamiken handelt, deren Ursprung sie in der Schule verorten. Doch niemand der Involvierten kann die Herausforderungen im Alleingang meistern; eine Kooperation von Eltern, Jugendlichen und Schule ist gewinnbringend für alle.

Wie können Eltern und Lehrpersonen Jugendliche unterstützen, verantwortungsvoll in ein medial aktives Leben hineinzuwachsen? Wie können Jugendliche in den Prozess miteinbezogen werden und lernen, sich digital zu vernetzen, ohne zu verletzen?

Dieses Buch enthält siebzehn in sich geschlossene Kapitel, die auch in geänderter Reihenfolge gelesen werden können. Es liefert Inputs für einen reflektierten Umgang mit neuen Medien und insbesondere mit Social Media. Der Band soll ...

- zum Nachdenken darüber anregen, wie die digitale Kommunikation unser Verhalten und Zusammenleben beeinflusst;
- zu inspirierten, generationenübergreifenden Diskussionen ermutigen;
- alle Involvierten zur konstruktiven Zusammenarbeit einladen,
- das Bewusstsein schärfen, wie Erwachsene gute Vorbilder sein können;
- konkrete, alltags- und praxisorientierte Handlungsmöglichkeiten aufzeigen.

Das in diesem Buch vorgestellte und online zugängliche Manual soll Lehrpersonen und Schulsozialarbeitende inspirieren und motivieren, den Workshop »Fit und fair im Netz« – oder eine eigene, modifizierte Variante davon – in ihren Klassen durchzuführen oder an ihrer Schule zu implementieren.

Die Unterrichtseinheiten basieren auf den beiden Kurzgeschichten »Heißer Sommertag« und »Eintätowiert«, die auf den nächsten Seiten abgedruckt sind. Je ein Plakat (diesem Buch beigelegt) zeigt ihre

Handlung in Bildern, die Spielraum lassen für eine eigene Geschichte rund um die Themen Sexting und Cyberbullying.

Was für ein heißer Sommer. Auch heute wird das Thermometer
wieder über die 30-Grad-Marke klettern. Elif packt das Badezeug
in den Rucksack, sie will nach der Schule mit Kim, Meret und
Anna ins Strandbad. Die vier sind eine Clique und kleben in diesen Tagen vor den langen Sommerferien förmlich zusammen. Sie
sind unzertrennlich: Alle für eine, eine für alle. »Eine für alle«
findet Elif allerdings nicht so toll, wenn es um die Hausaufgaben
geht. Kaum trifft sie sich vor Schulbeginn mit ihren Freundinnen,
verlangen sie von Elif die Hausaufgaben zum Abschreiben. Elif
zeigt sie selbstverständlich her, fühlt sich aber ausgenutzt, insbesondere von Kim, die wirklich nie etwas selbst erledigt. So hat
sie es vor ein paar Tagen einer Freundin erzählt. Nun stellt sich
heraus, dass diese sich verplappert hat; Kim weiß, dass sich Elif
über sie beschwert hat. Kim ist wütend, empört sich über Elifs
fehlende Loyalität und verlangt eine Wiedergutmachung.
Meret gefällt Kims Forderung, sie wittert Action und tuschelt
während des Unterrichts mit Kim über eine passende Vergel-
tungsaktion. Nach der Schule halten die beiden Elif hinter dem
Wartehäuschen der Bushaltestelle fest. Kim spuckt auf den
Boden und befiehlt Elif, den Klecks als Entschuldigung aufzule-
cken. Alle lachen, auch Elif. Doch als sie locker über den Scherz
hinweggehen will, wird die Sache plötzlich ernst. Meret hält Elif
fest, Kim zerrt sie zu Boden. Das findet Anna, die bis jetzt recht
teilnahmslos danebengestanden hat, nun doch etwas krass. Meret
zeigt auf Kims rot lackierte Zehen und fordert von Elif ultimativ,
Kims Füße zu küssen, sonst werde sie aus der Clique ausgeschlos-
sen. Elif tut angewidert, was von ihr verlangt wird. Kim hält
die Szene spontan mit der Handykamera fest, währenddessen
Anna gelangweilt auf den Busfahrplan schaut und etwas von
Tropenhitze und endlich baden nölt. Während der Busfahrt sehen
sich Kim und Meret das Filmchen wieder und wieder an, lachen

angeekelt und verpassen es fast, aus dem Bus auszusteigen. Sie klopfen der bekümmert schweigenden Elif auf die Schulter, es sei ja nur Spaß und eh alles wieder gut. Meret sagt, wenn Elif sich weiterhin schön die Hausaufgaben abschreiben lasse, dann werde bestimmt auch niemand Kims Filmchen sehen. Die vier schlendern an der Bibliothek vorbei zum Strandbad. Anna sucht der Clique einen schattigen Liegeplatz und streckt sich auf ihrem Badetuch aus, die Ohren zugestöpselt, die Augen geschlossen. Sie wäre lieber irgendwo anders, denn was hier abgeht, missfällt ihr, sie fühlt sich gar nicht wohl.

Nach einer kurzen Abkühlung im Wasser kehrt etwas Entspannung ein. Die vier Mädchen quatschen und zeigen sich gegenseitig ihre liebsten Musikvideos. Die Smartphones zirkulieren, und in einer unbeobachteten Sekunde löscht Elif das peinliche Filmchen. Sie atmet erleichtert auf. Kim entdeckt allerdings schnell, dass der Film von ihrem Handy entfernt worden ist. Rasend vor Wut, zerrt sie Elif an den Haaren. Elif reißt sich los, packt in aller Eile ihren Krempel zusammen und flüchtet in die Umkleide. Sie fühlt sich unendlich allein und kann ihre Tränen nicht mehr zurückhalten. Elif zieht sich um, stopft das nasse Badezeug in die Tasche und quetscht sich im letzten Moment in den vollen Bus. Sie hat nicht bemerkt, dass Meret und Kim ihr zur Garderobe gefolgt sind und Meret sie heimlich beim Umziehen fotografiert hat. Anna, die sich gleich nach dem Haargezerre aus dem Staub gemacht hat, zieht sich zu Hause mit einem Buch in ihr Zimmer zurück. Sie versucht, den schlimmen Nachmittag zu vergessen – vergeblich. Ihr Handy surrt, und das Bild der nackten Elif leuchtet auf dem Display auf. Gleichzeitig verbreitet sich das Foto über sämtliche virtuellen Kanäle. Kurz darauf erscheinen die ersten fiesen Kommentare: Igitt!! Voll peinlich!!!!! Die zieht sich wohl für jeden aus?!

Jon und Mirko kennen sich bereits seit dem Kindergarten und haben vieles zusammen erlebt: Sie bauten riesige Legoburgen und entwarfen Pläne für das kühnste Raumschiff. Sie pirschten als Blutsbrüder Winnetou und Old Shatterhand über Felder, demolierten bei einer unerlaubten Spritzfahrt Nachbars Mofa und standen gemeinsam dafür gerade.

Seit dem Übertritt in die Sekundarschule hat sich vieles verändert. Die beiden Jungs wurden in verschiedene Klassen eingeteilt, und Jon muss feststellen, dass Mirko zunehmend mehr Zeit mit seinem neuen Klassenkollegen Max verbringt. Nicht, dass Mirko seinen Freund aus Kindertagen nicht mehr dabeihaben möchte. Er darf mit zum Skaten, zu dritt üben sie Tricks, auch andere Dinge machen sie gemeinsam. Jon ist dabei, aber eigentlich möchte er Mirko wieder ganz für sich allein haben – so wie früher. Er ist sauer auf Max, der ihm seinen besten Freund weggenommen hat.

Frustriert und gelangweilt sitzt Jon zu Hause vor dem Computer. Er gründet aus seiner üblen Laune hinaus eine Chatgruppe namens Wannabe (englisch für Möchtegern) und lädt alle Kumpel dazu ein, die nie um einen Spruch verlegen sind. Mirko bekommt keine Einladung, Max schon gar nicht. Über ihn postet Jon nun Gemeinheiten und fiese Lügen. Er stellt Max als arroganten Angeber und Verlierer dar: Max bluffe, kein Skater der Schule könne sich mit ihm messen. Er solle erst mal einen sauberen Kickflip springen, ohne sich die Nase aufzuschürfen. Max trage miefige alte Schuhe und peinliche Kleider, sein Board sei potthässlich, postet Jon weiter. Sein Plan geht auf, schnell finden sich im Chat Leute, die seine fiesen Kommentare liken, die mitlästern und noch einen draufsetzen.

Max merkt bald, dass etwas läuft. Er wird auf dem Pausenhof immer öfter blöd angegrinst, bekommt giftige Sprüche zu hören, und dies auch von Schülern, die er kaum kennt. Es liegt etwas in der Luft, die Spannung ist regelrecht greifbar. Dies spürt auch Mirko. Er rät Max, die Sprüche zu ignorieren. Doch als Max nach der Turnstunde seine Kleider im Mülleimer der Mädchenumkleide wiederfindet, lässt er sich nicht mehr beruhigen. Die sich täglich wiederholenden Beleidigungen, das Dissen, die Gemeinheiten belasten ihn sehr und rauben ihm nachts den Schlaf. Im Traum läuft Max stolpernd und unter brüllendem Gelächter durch einen unendlich langen Gang, gelangt schließlich zu den Toiletten und sieht im Spiegel, dass auf seiner Stirn in fetter Schrift »Depp!« eintätowiert ist. Schweißgebadet wacht er aus diesem Albtraum auf.

Kai aus Max' Klasse gehört dem Wannabe-Gruppenchat an, weil ihn Jon hinzugefügt hat. Zu Beginn postete er einen unüberlegten Spruch, danach schenkte er dem Chat wenig Aufmerksamkeit. Doch was jetzt gegen Max läuft, geht Kai definitiv zu weit. Der Chatverlauf zeigt, wie die Gemeinheiten und Angriffe zu einer regelrechten Lawine angewachsen sind. Kai ärgert sich, dass er nicht sofort aus der Gruppe ausgetreten ist, schließlich hat ihm Max nie etwas getan. Kai merkt, dass er – ohne es wirklich zu wollen – zu dieser fiesen Angelegenheit beigetragen hat …

EINE RASANTE ENTWICKLUNG

WIR ENTWICKELN VIEL SCHNELLER NEUE DINGE, ALS WIR MIT IHNEN UMGEHEN KÖNNEN – ALS BENUTZER, VOR ALLEM ABER ALS MENSCHEN UND ALS GESELLSCHAFT.

David Bauer, Autor

Als Napoleons Ägyptenfeldzug 1798 entschieden war, dauerte es Wochen, bis Paris Kenntnis davon hatte, ob eine Niederlage zu verkraften oder ein Sieg zu feiern war. Bis ins 19. Jahrhundert verbreiteten sich Nachrichten nur so schnell, wie ein Mensch sie transportieren oder ein Pferd galoppieren konnte. Die Geschwindigkeit verdoppelte sich um 1830 mit dem Aufkommen der Eisenbahn und revolutionierte sich mit der Erfindung der Telegrafie. Der Morseapparat befreite die Kommunikation aus ihrer materiellen Übermittlungsträgheit und ermöglichte Kommunikation im immensen Tempo des elektrischen Stroms.

Kommunikations- und Unterhaltungstechnologien verändern und perfektionieren sich – oder sie werden überholt oder verdrängt. Man erinnere sich an …

- die Musikkassette: Dank ihr konnten die Charts direkt mitgeschnitten und konnte ein eigenes Mixtape erstellt werden. Ein persönlicher Mix taugte (manchmal) als charmante Liebeserklärung und hatte die Kraft, Beziehungen zu kitten. Die Musikkassette leierte, riss und etablierte den Bleistift als Reparaturwerkzeug.

– das Faxgerät: Es surrte, ratterte und spuckte schließlich ein Stück Thermopapier mit halbwegs leserlichem Text aus. Noch in den Neunzigern ermöglichten diese Geräte während größerer Reisen eine günstige, zeitungebundene und schnelle schriftliche Kommunikation mit daheim gebliebenen Angehörigen.

– das analoge Internet: Der zirpend-quietschende Pfeifton beim Einloggen war für den Rest der Familie gleichzeitig das akustische Signal, dass das Telefonieren vorübergehend unmöglich war. Was im Internet überhaupt auffindbar war, präsentierte sich optisch wenig ansprechend. Während sich die grobpixligen kleinen Bilder langsam aufbauten, summierte sich der teure Minutentarif schnell zu unerfreulich hohen Monatsabrechnungen.

– die ersten Handykameras: Sie waren Sensation und Enttäuschung zugleich. Zwar war die Kombination der mobilen Telefonie mit der Fotografie ein weiteres kleines technisches Wunder, doch die Qualität der Bilder bereitete anfänglich noch wenig Freude.

Der Begriff »Neue Medien« beschreibt die jeweils neue mediale Errungenschaft einer Zeitepoche. In den 1960er-Jahren wurden ihm beispielsweise Fernsehgeräte zugeordnet. Seit Mitte der 1990er-Jahre zählen – unter dem Sammelbegriff »Information and Communication Technology« (ICT) – digitale, interaktive Medien und mobile Geräte wie Smartphones und Tablets dazu. Sogenannte soziale Medien (oder mit dem englischen Begriff: Social Media) wie Facebook, WhatsApp, Instagram und Twitter bieten die Möglichkeit, sich via Internet mit Freunden, Familienangehörigen, Bekannten und Unbekannten zu vernetzen und auszutauschen. Allen diesen Diensten ist gemeinsam, dass Text-, Bild- oder Tonaufnahmen via Internet in digitaler Form übermittelt werden und dass auf Daten in digitaler Form zugegriffen wird. Der Begriff »Web 2.0« bezeichnet die Möglichkeit, mithilfe von ICT-Geräten Inhalte aus dem Internet nicht nur zu empfangen und zu konsumieren, sondern soziale Netzwerke, Blogs, Foren, Videoportale usw. mit eigenen Beiträgen oder Produktionen – sogenanntem »User Generated Content« – aktiv mitzugestalten.

Beiträge und Inhalte werden nach dem Many-to-many-Prinzip (viele Nutzer kommunizieren mit vielen anderen Nutzern) sofort öffentlich und verfügbar. Eine redaktionelle Prüfung der Inhalte, wie man sie beispielsweise von traditionellen Printmedien kennt, findet nur rudimentär oder meist gar nicht statt.

Mit der Digitalisierung und der damit einhergehenden Kommunikation über Social Media und mobile Geräte befinden wir uns in einem riesigen Wandel. Er wird die Gesellschaft in ähnlichem Maße prägen, wie es der Buchdruck und die Industrialisierung taten. Die rasante Entwicklung der neuen Medien fordert und überfordert durch ihre Komplexität, doch sie ist unumkehrbar: »Wir hatten hundert Jahre Zeit, uns an das Kino zu gewöhnen. Achtzig Jahre, um mit dem Radio klarzukommen. Fernsehen gibt es [...] als Massenmedium seit gut vierzig Jahren. Der ganze große Rest ist erst in den vergangenen zehn Jahren in das Leben der meisten Menschen getreten.«[1]

Die digitalen Medien bieten neue Chancen, beispielsweise den einfachen Zugang zu einer großen Menge von Informationen. Noch nie stand uns so einfach so viel Wissen zur Verfügung. Wir haben die Möglichkeit, in Echtzeit mit Freunden aus aller Welt in Kontakt zu sein und an ihrem Leben teilzuhaben. Das Knüpfen und Pflegen von Kontakten ist unkompliziert und kostengünstig. Wer früher ein Nischeninteresse oder ein Hobby fern des Mainstreams pflegte, hatte es oft schwer, mit Ähnlichgesinnten in Kontakt zu treten oder Informationen zu finden. Heute ist dies, in einer Art digitaler Nachbarschaft, mit ein paar Klicks möglich. Die neuen Vernetzungsmöglichkeiten lassen sich hervorragend dazu nutzen, Lern- und Interessengruppen zu bilden.

Die Krux ist, dass die positiven Seiten und Chancen der neuen Medien gleichzeitig an Nachteile, Risiken und Gefahren gekoppelt sind. Einige dieser positiven und negativen Aspekte sind:

- Informationsfülle gegen Informationsüberfluss;
- Effizienzsteigerung gegen Zeitverschwendung;
- Einblick in das Leben anderer gegen Verlust der eigenen Privatsphäre;
- bereichernde gegen gefährliche Inhalte;

1   Pfeifer 2007: 162.

- erweiterte Lernmöglichkeiten gegen Copy-Paste-Aufgabenerledigung;
- praktische gegen überflüssige Funktionen;
- aufbauende gegen erniedrigende Kontakte;
- usw.

Zu den Schattenseiten gehören:

- Im Internet gefundene Informationen können falsch oder ungeeignet sein.
- Es kann unklar sein, wer sich hinter einem Kontakt verbirgt.
- Inhalte können eigene oder fremde Persönlichkeitsrechte verletzen.
- Inhalte können unwahr oder beleidigend sein.
- Unwahres, Beleidigendes oder Unangenehmes kann sich rasant und unkontrolliert verbreiten.
- Eine einseitige, übermäßige und nicht altersgerechte Nutzung kann schädlich wirken.
- Eine unkontrollierte Nutzung birgt Suchtpotenzial.
- usw.

Die neuen Medien eröffnen viele Chancen und Möglichkeiten, schaffen gleichzeitig aber neue Herausforderungen. Es besteht die Gefahr, zunehmend Risiken ausgesetzt zu sein, anstatt sich die positiven Aspekte der neuen digitalen Welt zunutze machen zu können.

IM BANNE DES DISPLAYS

HALLO WELT, KANNST DU MICH HÖREN? DU DARFST MICH NICHT BEIM CHATTEN STÖREN. MEIN TAGESABLAUF IST SEHR KLEIN, DENN ICH BIN DURCHGEHEND ONLINE, ONLINE ...

Aus dem Lied »Durchgehend online« von Heiko und Roman Lochmann

Mit dem Klingeln der Schulglocke hat das Leiden ein Ende. Nicht der Unterricht war eine Qual, sondern die Zeit ohne Smartphone. Die Schülerinnen und Schüler kramen in ihren Hosen-, Hand- und Schultaschen. Mit traumwandlerischen Bewegungen wischen sie über das Display, checken stumm und mit gesenktem Blick, ob Nachrichten eingegangen oder Statusänderungen erfolgt sind. Dieses Szenario ist keineswegs nur für Teenager typisch. Viele Eltern schauen morgens mit schläfrigem Blick als Erstes auf den Handyscreen und abends vor dem Einschlafen als Allerletztes. In der Zeit dazwischen wird tagsüber locker fünfzig, teils über hundert Mal zum Smartphone gegriffen, ob im Ausgang unter Freunden oder während des Geschäftsmeetings. Viele Menschen werden in ihrem digitalen Kommunikationsverhalten Opfer von suchtähnlichen Automatismen, die ans Kettenrauchen erinnern. Im Unterschied zur Zigarette verspricht das Smartphone keinen Nikotinkick, sondern mit jeder Neuigkeit einen Dopaminschub.

Das Smartphone vereint unglaublich viele Funktionen in einem einzigen, winzigen und mobilen Gerät. Für viele Nutzerinnen und Nutzer ersetzt es die Agenda, den Stadtplan, den Ticketautomaten, den Walkman, den Wecker, das Diktiergerät und das Lexikon. Es ist Fernseher, Gamekonsole, Geldbörse, Foto- und Videokamera. Das Smartphone erleichtert Scheuen die Kommunikation, weist Orientierungsschwachen den Weg, bietet Gelangweilten Unterhaltung oder Nervenkitzel. Das potente Gerät mit seinen vielfältigen Möglichkeiten fesselt unsere Aufmerksamkeit und ist für viele zur Verlängerung des eigenen Ichs geworden. Homo sapiens und Smartphone verhalten sich symbiotisch. Die kleinen Alleskönner generieren Bedürfnisse, stillen Bedürfnisse und beeinflussen unser Sozialleben. Das Leben mit Smartphones kann sehr stressig sein, weil man damit jederzeit erreichbar ist, ständig über etwas informiert und vom Hier und Jetzt weggelenkt wird.

Der digitale Wandel hat das soziale Miteinander grundlegend verändert, das Smartphone erlaubt uns Kommunikation unabhängig von Ort und Zeit. Wenn wir mit bestimmten Menschen an einem bestimmten Ort sind, können wir gleichzeitig auch mit Abwesenden kommunizieren. Seit das Smartphone immer dabei ist, sind wir nie ausschließlich da, wo wir sind. Es stellt sich die Frage, inwiefern es uns noch gelingt, uns auf das physisch präsente Gegenüber einzulassen oder ob wir – sobald das Smartphone vibriert – gedanklich woanders sind.

Mit dem Smartphone und seinen Social-Media-Applikationen informieren wir einander darüber, was wir tun, wie wir uns fühlen, was uns gefällt. Das Smartphone verspricht uns, nichts zu verpassen. Wir erhalten einen bisher nicht möglichen Einblick in die Aktivitäten anderer Menschen und reagieren darauf selten differenziert, sondern vorwiegend bestätigend. Bereichert uns diese permanente Vergleichbarkeit, oder lässt sie das eigene Leben fahler wirken? Trägt das Smartphone zur Zusammengehörigkeit bei, oder lassen wir diese Nähe – mitbeeinflusst von Oberflächlichkeit und Unverbindlichkeit – mitunter nur vorgaukeln?

Noch zur Jahrtausendwende hatten wir im Alltag eine Grunddosis an Pausen. Etwa, wenn wir an der Haltestelle auf den Bus oder am Treffpunkt auf Freunde warteten. Diese Mikropausen erlaubten es, in uns hineinzuhören, runterzukommen und Gedanken schweifen zu lassen. Heute sind wir nicht mehr meistens offline oder nur ab und zu gezielt, sondern immer und überall online. Die Wolke Internet ist stets um uns herum. Seit wir überall und jederzeit reflexartig unsere Smartphones zücken und unsere ständig hungriger werdenden Hirne mit Informationsschnipseln füttern, sind Pausen rar geworden. Wir haben stattdessen den Eindruck, dass immer weniger Zeit fürs Hier und Jetzt bleibt. Wir fühlen uns rastlos und erleben die Gegenwart kaum mehr unmittelbar. Das Smartphone erlaubt uns, jedes Gefühl von Langeweile reflexartig zu überbrücken und sofort wegzuklicken. Das ist verführerisch, doch verlernen wir damit gleichzeitig auch das Warten und die Fähigkeit, geduldig zu sein.

Insbesondere Kinder brauchen aber Phasen der Langeweile. Solche Zeiten sind nötig, um sich selbst motivieren zu lernen, und ermöglichen Kreativität. Wenn alles vorgegeben ist, wenn Anregung und Unterhaltung mit einem Klick sofort verfügbar ist, fehlt der Raum, den man selbst füllen darf, kann und muss. Geduld ist eine wichtige Grundlage für die Herausbildung von manuellen oder technischen Fertigkeiten, ebenso für die Entwicklung von Ideenreichtum.

Wenn wir Momenten des Müßiggangs einen Wert beimessen wollen, sollten wir dann nicht zeitweise bewusst auf die digitale Berieselung verzichten? Können oder wollen wir es uns leisten, vorübergehend nicht erreichbar zu sein? Wird einst, wie uns die Zukunftsforschung prognostiziert, als fremdbestimmt oder gar charakterschwach gelten, wer in jeder freien Minute auf sein Smartphone starrt?[2]

Welche Rituale ermöglichen uns, bewusst offline zu gehen und zu bleiben? Es gibt verschiedene Angebote, wie etwa den technikfreien Zufluchtsort der Stille im Zehnten Arrondissement, mitten in Paris[3]. Am Eingang wird das Smartphone in einen Spind geschlossen. Der anschließende Rundgang durch fünf Räume verspricht absolute Ruhe und Entschleunigung. Dies soll Reflexion ermöglichen und helfen, die Angst davor zu verlieren, dass man für andere nicht erreichbar ist. Wer zu einer gesunden Balance zurückfinden möchte, kann sich auch zu einem Digital Detox Retreat anmelden, einer mehrtägigen Technikkarenz in der Natur. Wer sich zu Hause vom Stress der dauernden Vernetzung erholen möchte, kann eine Auszeit-App[4] installieren und damit für bestimmte Zeiträume Kontakte und Kommunikationskanäle gezielt einschränken. Während man sich digital ausklinkt und den Fokus auf die wesentlichen Dinge lenkt, vertröstet die App Anrufende mit einer Mitteilung. Sich digital entschlacken kann auch, wer sein Smartphone gegen ein einfaches Gerät eintauscht, dessen Funktionsumfang sich aufs Telefonieren und Simsen beschränkt.[5] Es geht auch weniger radikal. Hier eine Liste von Empfehlungen, wie Sie der zunehmenden Fremdbestimmung durch das Smartphone einfach und ohne finanziellen Aufwand entgegenwirken können:

2   Vgl. Horx 2015: 61.
3   Vgl. Webseite von Seymour: http://seymourprojects.com [13.7.16].
4   Die App ist verfügbar über www.offtime.co [13.7.16].
5   Z.B. Punkt MP01: www.punkt.ch [13.7.16].

Richten Sie im Eingangsbereich Ihrer Wohnung einen Handyparkplatz ein, der gleichzeitig auch Ladestation ist. So nehmen Sie körperlich Distanz vom Gerät, verbannen es vom Esstisch und aus dem Schlafzimmer.

Lassen Sie sich morgens wieder von einem klassischen Wecker aus dem Schlaf holen. So vermeiden Sie es, vor dem Einschlafen als Letztes und nach dem Aufwachen als Erstes die neusten Mitteilungen oder Informationen abzurufen.

Unterstützen Sie gutes Einschlafen, indem Sie das Gerät eine Stunde vor dem Zubettgehen beim Handyparkplatz aufladen. So verzögern die Blaulichtanteile des Bildschirms nicht die Ausschüttung des schlafanstoßenden Hormons Melatonin.

Verordnen Sie sich selber eine digitale Diät, dosieren Sie ihre Erreichbarkeit. Definieren Sie handyfreie Zeiten, beispielsweise während gemeinsamen Mahlzeiten. Lassen Sie das Handy im Auto oder in der Handtasche, wenn Sie sich mit jemandem zum Mittagessen oder Nachtessen treffen. Gönnen Sie sich das kleine Abenteuer eines handyfreien Tages (wenn Sie Ihre nächsten Angehörigen im Voraus darüber informieren, wird sich niemand Sorgen machen müssen).

Legen Sie sich wieder eine Armbanduhr ums Handgelenk. Sie werden Ihr Smartphone weniger oft zücken. Wer sich per Smartphone über die aktuelle Uhrzeit informiert, bleibt oft unfreiwillig noch bei den neusten Nachrichten hängen.

Schalten Sie den Signalton für eintreffende Nachrichten aus oder stellen Sie das Gerät standardmäßig auf lautlos.

Beschränken Sie das Lesen von E-Mails und digitalen Kurznachrichten auf einmal pro Stunde. Oder nutzen Sie die Möglichkeit automatischer Antwortfunktionen, beispielsweise: »Danke für Ihre Nachricht. Ich beantworte meine E-Mails einmal täglich, und zwar immer vor 10 Uhr morgens. Ich werde mich bei Ihnen melden.« Das entschleunigt, schließt aber die Möglichkeit nicht aus, tatsächlich Dringendes und wirklich Wichtiges ausnahmsweise in kürzeren Intervallen zu beantworten. Dadurch reduzieren Sie Unterbrechungen und können sich konzentrierter Arbeit oder entspannter Freizeit widmen.

Die Sicht auf die Vorteile und Gefahren des Smartphones und dessen Omnipräsenz mögen individuell sein. Gedanken und Fragen wie die oben stehenden können zu verschiedenen Schlüssen und Antworten führen. Doch erst indem wir Erwachsenen den Umgang mit Smartphone und Social Media überhaupt reflektieren, können wir zu bewussten Nutzerinnen und Nutzern und damit zu guten Vorbildern werden.

VIRTUELLE GRUPPEN

DIE EINEN HEULEN RUM, ANDERE SPUCKEN GIFT UND GALLE, SIE IST BLIND VOR LIEBE, ALLE SIND WIR ÜBERFORDERT: WILLKOMMEN IM DIGITALEN LEBEN!

David Bauer, Autor

Viele Jugendliche wünschen sich ein Smartphone, weil sie damit schnell, einfach, ortsunabhängig und praktisch kostenlos mit ihren Freundinnen und Freunden Kontakt pflegen können. Besonders beliebt sind Chatgruppen. In diesen plaudern, planen, lachen, klagen, lernen und verabreden sie sich. Chats sind für Jugendliche eine selbstverständliche Verbindung zu ihrer Gleichaltrigengruppe, sie stillen das entwicklungsbedingt starke Bedürfnis nach Zugehörigkeit. Die kurzen Nachrichten und Statusupdates wirken einzeln vielleicht banal und unbedeutend, in ihrer Aneinanderreihung zeigen sie aber, was läuft, was beschäftigt und wie es Freundinnen und Freunden geht. Smartphones, Apps und Chats bieten jedoch auch rund um die Uhr die Möglichkeit, jemanden auszuschließen oder fertigzumachen.

Der folgende Einblick in einige Apps hat nicht zum Ziel, deren Nutzung detailliert zu beschreiben. Dies wäre aufgrund zahlreicher Updates und Veränderungen einerseits wenig sinnvoll, anderseits informieren einschlägige Webseiten und Blogs kompetent, aktuell und ausführlich.

Der folgende Einblick zeigt auf, welche Möglichkeiten, Dynamiken, Sachzwänge und Gefahren mit den jeweiligen Apps verbunden sein können.

Gruppenchats werden von den Nutzerinnen und Nutzern selbstständig eingerichtet und verwaltet. Eine virtuelle Gruppe kann eine ganze Klasse umfassen oder nur Teile davon. Eine Gruppe kann sich auch klassenunabhängig, beispielsweise themen-, interessen- oder cliquenbezogen, formieren. Die zurzeit populärste Smartphone-Applikation mit Gruppenchatfunktion ist WhatsApp (WA). Eine WA-Chatgruppe entsteht, indem eine Person aus ihrer Kontaktliste Mitglieder auswählt und so eine Gruppe definiert. Weil die gründende Person entscheiden kann, wer zur Gruppe gehört und wer nicht, kommt ihr eine verantwortungsvolle Aufgabe zu. Sie erhält das Administrationsrecht und kann damit entscheiden, wer der Gruppe zugefügt wird, welche Mitglieder aus der Gruppe entfernt werden und welche einen Status als Administrator oder Administratorin erhalten. Will eine Person mit diesem Status die Gruppe löschen, muss sie vorher alle Teilnehmenden aus der Gruppe entfernen. Das geschieht aus Angst vor Widerspruch oder unangenehmen Fragen oft ungern. Tritt jemand mit Administrationsrecht einfach aus, besteht die Gruppe weiter, und der Status geht nach dem Zufallsprinzip an eines der verbliebenen Gruppenmitglieder über.

Wer von der Admin-Person einer Gruppe zugefügt wurde, wird per Mitteilung vor vollendete Tatsachen gestellt: Man kann weder aktiv einer Gruppe beitreten noch eine Einladung ablehnen und wird unter Umständen Mitglied einer Gruppe, deren Gesprächsthemen man nicht goutiert oder zu der man gar nicht gehören möchte. Austritt ist nur durch Eigeninitiative möglich, wobei diese selten ergriffen wird. Einerseits schmeichelt es vielen, einer Gruppe zugefügt worden zu sein. Anderseits bedeutet ein Austritt auch Verzicht auf Teilhabe an einem Informations- und Diskussionsfluss, der jetzt oder allenfalls später relevant sein könnte.

Jugendliche gehören oft zahlreichen Chatgruppen an. Schnell kumulieren sich auf diesem Endlosförderband von Sprachfragmenten Hunderte von Mitteilungen, Anfragen und Informationsschnipsel. Die unüberschaubare Menge kann ablenken, belasten und erschöpfen, sie kann Stress, Unsicherheiten und Fragen wie folgende auslösen:

- Was läuft, was könnte ich verpassen?
- Was gibt es Neues, was wird berichtet, wer und was ist angesagt?
- Fallen Kommentare über mich oder meine engsten Freundinnen und Freunde? Auf wessen Seite stelle ich mich?
- Was habe ich zu dem, was berichtet wird, zu sagen?
- Will ich der Onlinekommunikation meine permanente Aufmerksamkeit widmen, oder klinke ich mich temporär aus?
- Verpasse ich dadurch Relevantes oder den richtigen Moment, mich zu Wort zu melden?

Ein Gruppenchat kennt weder klare Regeln noch einheitliche Abmachungen. Die fehlende Aufsicht und Moderation bewirkt, dass sich in der Masse aller Mitteilungen auch Gerüchte, Erniedrigungen, Beleidigungen, Drohungen und Obszönitäten in Windeseile verbreiten. Schnell schaukelt sich etwas hoch, was nicht einfach rückgängig gemacht werden und was in der direkten Begegnung – beispielsweise auf dem Schulweg, dem Pausenhof oder im Schulzimmer – eskalieren kann.
Ähnlich gefährliche Dynamiken entwickeln sich auch über Apps wie Yik Yak und Jodel (die Apps mögen verschwinden, oder ihre Namen können sich ändern, Angebote ähnlicher Art bleiben vermutlich bestehen). Diese Gruppen formieren sich nicht durch die Kontaktliste der die Gruppe gründenden Person, sondern durch die räumliche bzw. geografische Nähe der Nutzerinnen und Nutzer. Wer die App installiert hat, kann ortsbezogen, aber anonym Kommentare lesen und abgeben. Beispielsweise können im Großraum des Schulareals Auskünfte zum Schulbetrieb oder Freizeittipps eingeholt werden. Die Anonymität soll authentisches, unvoreingenommenes und ungehemmtes Mitplaudern fördern. Wer sich durch die Beiträge scrollt, trifft auf ein Sammelsurium an verein-

zelt seriösen, oft humorvollen und leider auch respektlosen Beiträgen. Nicht selten ähneln die Beiträge Kritzeleien an den Türen öffentlicher Toilettenanlagen. In den Vereinigten Staaten kamen Apps, die eine anonyme Teilnahme ermöglichen, in die Schlagzeilen, weil ihnen der Ruf anlastet, Cyberbullying zu begünstigen. Um der Problematik entgegenzutreten, bietet Yik Yak beispielsweise einen Geofence an. Dieser virtuelle Zaun bewirkt, dass im Umkreis der Schule keine Kommunikation über diese App erfolgen kann.

Die App Ask.fm ist wie ein Frage- und Antwortspiel konstruiert. Sie ermöglicht es den Nutzerinnen und Nutzern, sich besser kennenzulernen, Gemeinsamkeiten zu entdecken und Inspiration zu finden. Anonymes Fragen mag Schüchternen den Kontakt mit Gleichaltrigen erleichtern. Es öffnet aber auch eine Bühne für Intrigen und andere Dramen. Fragen wie »Drei Gründe, warum Ella nie einen Freund finden wird?« oder »Hässlichste Person der Klasse?« provozieren verletzende Antworten. Im Zusammenhang mit Jugendsuiziden und vorhergehenden Kommentaren wie »Soll Bleichmittel saufen!«, »Stirb!«, »Soll sich Krebs holen!« rief gar der ehemalige britische Premierminister David Cameron zum Boykott der App auf. Inzwischen geben sich deren Macher geläutert, betreiben ein »Safety Center« und weisen auf schützende Einstellungen hin, beispielsweise auf die Möglichkeit, das Erhalten anonymer Fragen zu deaktivieren.

Eine weitere App namens Snapchat (SC) basiert auf dem Grundprinzip, dass Text-, Bild- oder Filmaufnahmen nach spätestens zehn Sekunden wieder verschwinden. Während auf Facebook, Instagram und Twitter Likes oder Herzen gesammelt werden, fehlt SC diese Bewertungsfunktion. Sehen und gesehen werden – das Prinzip, das die meisten sozialen Netzwerke prägt – ist auf SC nicht möglich. Der Austausch von Alltagsschnipseln ist spontan und wird nicht aufgezeichnet. Dies führt dazu, dass, im Gegensatz zu Facebook und Instagram, kein Profilierungszwang besteht und keine ausgefeilte Onlinepersönlichkeit konstruiert werden muss. Stattdessen kann auch mal über ein eigenes Missgeschick geschmunzelt werden, denn der Snap ist ja gleich wieder weg. Die Sicherheit ist aber trügerisch, denn:

- Per Screenshot kann die temporäre Nachricht trotzdem gespeichert werden. Zwar wird der Absender oder die Absenderin automatisch informiert, dass ein Screenshot gemacht wurde – es lässt sich aber nichts dagegen tun.
- wenn der Flugmodus eingestellt wird, lässt sich ein Screenshot machen, ohne dass die App den Absender oder die Absenderin darüber informieren kann.
- mit einer zusätzlichen App lassen sich alle SC-Nachrichten speichern, ohne dass die sendende Person benachrichtigt wird.
- SC-Nachrichten lösen sich nicht in Nichts auf, sondern werden nur so gespeichert, dass sie für Laien schwierig auffindbar sind. Mit etwas Know-how und Aufwand ist es möglich, die Nachrichten aufzustöbern.

Digitale Nachrichten sind oft mit Emojis[6] angereichert. Emojis werden täglich milliardenfach verschickt und dienen dazu, mit einem Smiley, einem Augenzwinkern oder einer Träne in aller Kürze und Prägnanz ein Gefühl auszudrücken. Die scheinbar kindlichen Bildchen sind in den letzten Jahren zu einer universellen visuellen Sprache der digitalen Kommunikation geworden und erfreuen sich nicht nur bei Jugendlichen großer Beliebtheit. Viele Nutzerinnen und Nutzer kommunizieren bevorzugt mit den japanischen Ideogrammen. Das ist insofern nachvollziehbar, als Emojis helfen, sprachliche Barrieren zu überwinden, und dem eigenen Ausdruck auf einfache Art eine emotionale, oft humorvolle Färbung zu geben. Anderseits können Sendende und Empfangende die Bildschriftzeichen leicht sehr unterschiedlich interpretieren. Verwirrung stiften diesbezüglich die unterschiedlichen Bildcharaktere der verschiedenen Gerätehersteller, Betriebssysteme und Social-Media-Plattformen. So kann das Emoji mit der offiziellen Bezeichnung *grinning face with smiling eyes* (grinsendes Gesicht mit lächelnden Augen) durch das unterschiedliche Design verschiedene Deutungen auslösen, wenn sich ein Grinsen in eine Grimasse verwandelt oder ein breites Lachen zum Zähneknirschen wird. Im Gewusel des Gruppenchats sind dadurch Missverständnisse, Verstimmungen und Gehässigkeiten programmiert.

6   Ideogramme, die zum Ausdruck von Emotionen verwendet werden, Bsp. unter www.getemoji.com [11.7.16].

Digitale Kommunikationsangebote basieren oft auf durchaus positiven Grundgedanken, sind gleichzeitig aber auch Plattform für Missverständnisse und negative Handlungen. Entscheidend ist, was die einzelnen Nutzerinnen und Nutzer aus den Angeboten machen. Sie entscheiden mit ihrem Verhalten und jedem Klick darüber, ob sie respektvoll oder verletzend handeln.

DIE MÄR VOM MULTITASKING

THINK ABOUT IT LIKE SLEEP. IF SOMEONE WAS INTERRUPTED EVERY 15 MINUTES WHILE THEY WERE TRYING TO SLEEP, YOU WOULDN'T THINK THEY'D BE GETTING A GOOD NIGHT'S SLEEP. SO HOW CAN GETTING INTER-RUPTED ALL DAY LONG LEAD TO A GOOD DAY'S WORK?

Jason Fried, Software-Entwickler

Multitasking bezeichnet das gleichzeitige Verrichten mehrerer Tätigkeiten, das Springen zwischen nicht abgeschlossenen Vorhaben, die zeitgleiche Nutzung von verschiedenen Stimulationsquellen. Ein gewisses Maß an Multitasking ist im Alltag unumgänglich. Einfache Tätigkeiten, bei denen man sich nichts merken muss, lassen sich simultan ausführen. Sobald aber die Komplexität zunimmt, reagiert unser Gehirn wie eine Drehtüre: Jede neue Aufmerksamkeit schiebt ihre Vorgängerin sogleich wieder hinaus. Wir sind permanent beschäftigt und konzentriert zerstreut. Am Ende bleibt oft kein klarer Gedanke, weil das Gehirn keine Gelegenheit bekommt, die unablässig wechselnden Eindrücke mit den Mustern bestehender Erfahrungen zu verknüpfen. Es ist schnell damit überfordert, gleichzeitig mehrere Aufgaben optimal zu lösen, und es braucht für jeden einzelnen Posten länger, wir büßen an Aufmerksamkeit und Leistung ein, es steigen Fehlerquote und Stress.

Der Terminus Multitasking stammt aus der Computertechnologie. Computer arbeiten so schnell, dass sie auf uns Menschen den Eindruck machen, Dinge gleichzeitig zu verrichten. Wenn wir vieles zeitgleich erledigen, legitimieren wir das vor anderen und vor uns selbst gerne mit unserer Multitaskingfähigkeit. Multitasking vermittelt den trügerischen Eindruck, eine Arbeit sei spannender und lasse sich sogar produktiver erledigen. Selbstkritisch betrachtet, entstehen jedoch Qualitätseinbußen.

Die neuen Medien, insbesondere das allzeit griffbereite Smartphone, verlocken zu Multitasking. Musikvideos schauen und gleichzeitiges Chatten ist ein Kinderspiel, parallel dazu wird für den Vortrag recherchiert oder für die Prüfung gelernt. Das Büffeln mag sich durch die Abwechslung zwar erträglicher anfühlen, doch die Aufmerksamkeit auf den Lernstoff ist reduziert.

Auch in sozialen Situationen reduziert Multitasking unsere Aufmerksamkeit. Wer hat nicht schon die Erfahrung gemacht, dass Gespräche nur mit halber Aufmerksamkeit geführt werden, wenn auf dem Tisch das Smartphone liegt und das Gerät so die Konversation jederzeit ablenken oder unterbrechen kann? Dieses Phänomen wird *phubbing* genannt, ein englisches Kofferwort aus *snubbing* (schroff abweisen) und *phone*. Wer sich gleichzeitig auf das direkte Gespräch und die digitale Kommunikation konzentriert, verpasst wichtige nonverbale Nuancen in Mimik und Gestik. Respektlos fühle es sich an, erzählt eine Jugendliche, wenn ihre Freundin beim Zusammensitzen und Plaudern gleichzeitig auf dem Smartphone herumtippe. Anstatt wie bisher aus Coolness oder Unsicherheit ebenfalls das Gerät zu zücken, verstumme sie, bis die Kollegin ihr Smartphone weggepackt habe. Etwas Hartnäckigkeit, Selbstkontrolle und Durchhaltewillen

WER SICH GLEICHZEITIG AUF DAS DIREKTE GESPRÄCH UND DIE DIGITALE KOMMUNIKATION KONZENTRIERT, VERPASST WICHTIGE NONVERBALE NUANCEN IN MIMIK UND GESTIK.

brauche es dafür schon, aber erst dadurch merke die Gesprächspartnerin – im besten Fall peinlich berührt und um eine Erkenntnis reicher –, dass sie nur mit einem Ohr am Gespräch beteiligt war. Aufmerksamkeit ist eine Voraussetzung zum Kommunizieren, Lernen und Arbeiten. Es gibt nur wenige Aufgaben, die sich im Multitasking genau so gut lösen lassen wie mit der vollen, konzentrierten Aufmerksamkeit beim Monotasking. Wer nachts alle fünfzehn Minuten geweckt wird, kann sich schlecht erholen. Ähnlich störend wirken sich ständige Unterbrechungen auf gute Gespräche, konzentriertes Lernen und effizientes Arbeiten aus. Damit Kinder und Jugendliche lernen, sich nicht immer und überall von piepsenden Geräten ablenken zu lassen, brauchen sie Erwachsene, die ihnen eine sinnvolle und gesunde Nutzung vorleben.

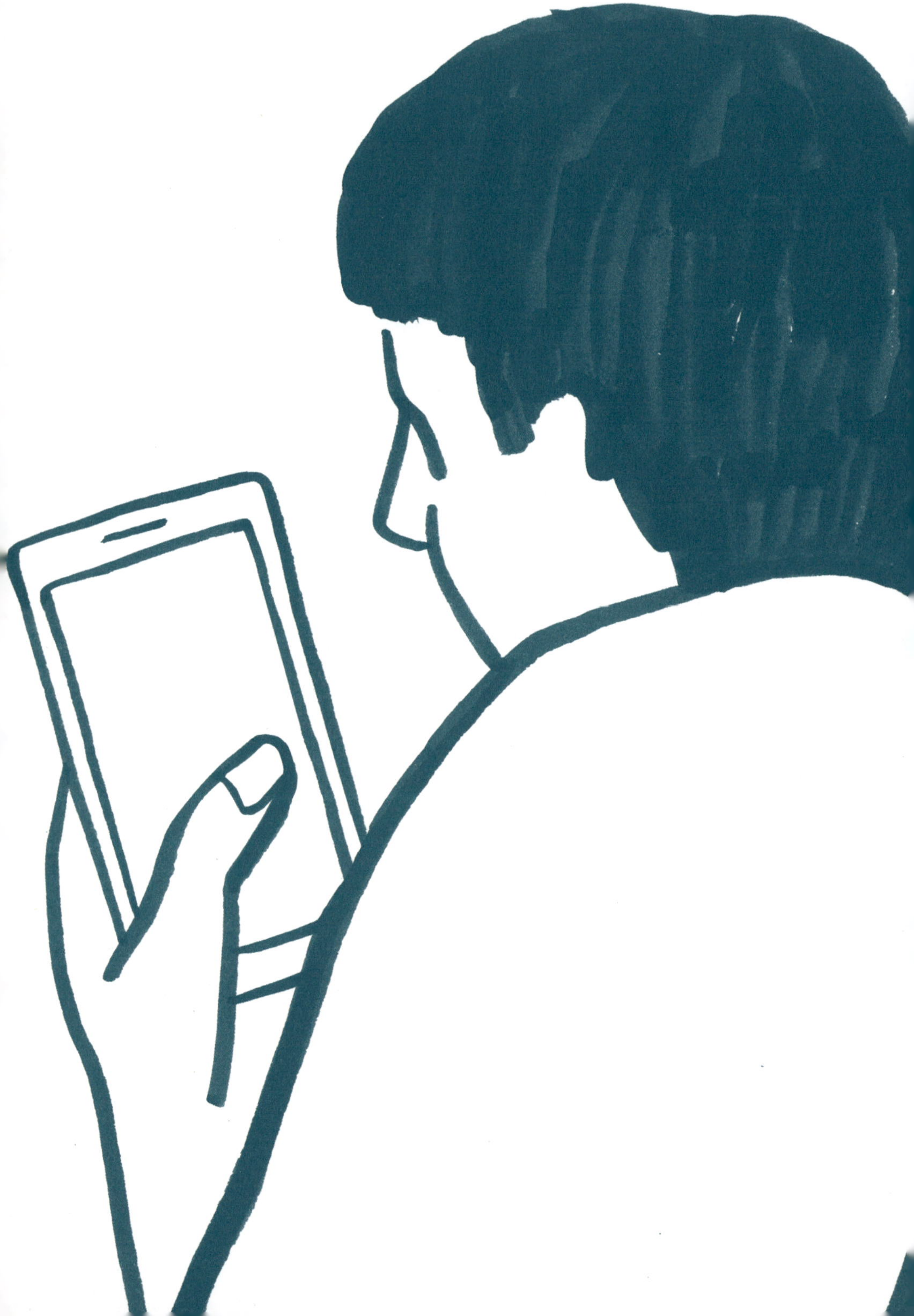

CYBERBULLYING

FACEBOOK UND TWITTER SIND DIE DROHNEN DER KOMMUNIKATION – MAN KANN VOM SOFA AUS JEMANDEN ABSCHIESSEN ODER SICH AN DER HYSTERISCHEN HAUE BETEILIGEN, DENN MAN MUSS DEM GEGENÜBER NICHT INS GESICHT SEHEN DABEI. DIE SOZIALEN MEDIEN FÖRDERN DAS VERHEERENDSTE ÜBERHAUPT: DAS MITLÄUFERTUM. MAN IST TEIL EINER MASSE, IN WELCHER MAN SICH VERSTECKEN KANN.

Bettina Weber, Journalistin

Jugendliche schaffen sich mittels Internet einen sozialen Raum, in den Eltern und Lehrpersonen nur sehr eingeschränkt Zugang haben. Erwachsene können die Dramen, die dort ablaufen, nur erahnen. Wenn Jugendliche von Onlinekonflikten betroffen sind, handelt es sich oft um Cyberbullying (oder Cybermobbing, die Begriffe werden synonym verwendet). Aufgrund methodischer und definitorischer Schwierigkeiten tut sich die Wissenschaft bis heute schwer, die Häufigkeit von Cyberbullying eindeutig zu bestimmen. Trotz deutlich unterschiedlicher Forschungsergebnisse kann festgestellt werden, dass ein substanzieller Anteil der Kinder und Jugendlichen von Cyberbullying und anderen negativen Vorfällen im Internet betroffen ist. Auch wenn es bis jetzt keine allgemein akzeptierte wissenschaftliche Definition gibt, lässt sich der Begriff umreißen und das Phänomen treffend umschreiben:

> Cyberbullying »[...]sind alle Formen von Schikane, Verunglimp-
> fung, Identitätsklau, Verrat und Ausgrenzung mithilfe von Infor-
> mations- und Kommunikationstechnologien, bei denen sich das
> Opfer hilflos oder ausgeliefert und (emotional) belastet fühlt oder
> bei denen es sich voraussichtlich so fühlen würde, falls es von die-
> sen Vorfällen wüsste«.[7]

> Cyberbullying kann als »[...] an aggressive, intentional act carried
> out by a group or individual, using electronic forms of contact,
> repeatedly and over time against a victim who cannot easily de-
> fend him or herself«[8] beschrieben werden.

Es handelt sich also um einen Aggressionsakt gegen eine Person,
der online erfolgt. Cyberbullying liegt vor, wenn mittels digitaler
Kommunikationswege über einen längeren Zeitraum gezielt belei-
digende, rufschädigende Texte, Bilder oder Filme verbreitet werden.
Die virtuellen Angriffe verfolgen das Ziel, ausgewählte Personen zu
verletzen, zu verleumden, zu belästigen, zu erpressen, zu bedrohen,
bloßzustellen, auszugrenzen usw. Die Onlineangriffe sind häufig innert kürzester Zeit für einen großen Nutzerkreis sichtbar, können sich unkontrolliert weiterverbreiten und sind schwer zu entfernen. Selbst wenn
ein Fall uninteressant geworden ist, bleibt vieles gespeichert und ver-
fügbar. Durch die schnelle und unkontrollierte Verbreitung kann dem
Opfer auch ohne das Element der Chronizität (wiederholte Angriffe
über einen längeren Zeitraum) Schaden zugefügt werden. Einzelne
Angriffe werden als Cyberaggression bezeichnet.

DIE ONLINEANGRIFFE SIND HÄUFIG IN KURZER ZEIT FÜR EINEN GROSSEN NUTZERKREIS SICHT-BAR, KÖNNEN SICH UNKONTROLLIERT WEITERVER-ARBEITEN UND SIND SCHWER ZU ENTFERNEN.

Cyberbullying lässt sich auch als eine elektronische Variante von
klassischem Mobbing beschreiben. Mobbing ist mittlerweile zum
Modewort für »Jemand ist gemein zu mir« geworden. Der Begriff
wird oft voreilig verwendet, wenn sich jemand von anderen schlecht
behandelt fühlt. Hahnenkämpfe oder Rangeleien zwischen mehr
oder weniger gleich starken Gegnerinnen und Gegnern sind aber

7   Pieschl und Porsch 2012: 18.
8   Smith et al. 2008: 376.

kein Mobbing, und es gibt auch schwierige Konstellationen unter Kindern, die nicht als Mobbing als solches bezeichnet werden können. Im Gegensatz zu Streit ...

- dauert Mobbing über längere Zeit an,
- sind immer die gleichen Personen Opfer und Täter,
- besteht ein offensichtliches Ungleichgewicht der Kräfte zwischen Opfern und Tätern.

Eine mögliche Definition für Mobbing im Schulkontext ist folgende: »A student is being bullied [...] when he or she is exposed repeatedly and over time, to negative actions, on the part of one or more students.«[9]
Die Zusammenhänge und Unterschiede zwischen Cyberbullying und traditionellem Mobbing werden kontrovers diskutiert und sind erst ansatzweise erforscht. Zwar ist nicht jedes Cyberbullyingopfer automatisch Mobbingopfer, doch können beispielsweise in der Freizeit verschickte, fiese Onlinenachrichten am nächsten Tag bei der Begegnung in der Schule zu Konflikten führen.

Mobbing und Cyberbullying im Unterschied:

MOBBING
- Relativ kleiner Personenkreis (Klasse, Verein usw.).
- Rückzug möglich (z. B. zu Hause, im eigenen Zimmer).
- Gesprochenes Wort ist flüchtig, Aussagen/Handlungen verblassen.
- Schwer nachvollziehbar (Beweise fehlen).
- Persönlicher Kontakt zwischen Täter und Opfer (Face-to-Face).
- Machtungleichgewicht oft körperlicher, sozialer Art.
- Reaktionen (Mimik usw.) von Involvierten sind gegenseitig sichtbar.

9   Olweus 1993: 933.

CYBERBULLYING

- Große Öffentlichkeit, unüberschaubare Menge an Personen, das Geschehen kann außer Kontrolle geraten.
- Orts-/zeitunabhängig: Anfeindungen sind bis ins eigene Zimmer möglich. Rückzug unmöglich (es sei denn, Betroffene verzichten konsequent auf Handy, Internet usw.).
- Veröffentlichtes wird dauerhaft gespeichert, kann auch nach Jahren abgerufen werden oder wieder auftauchen.
- Beweise per Bildschirmfoto möglich.
- Täter kann anonym oder mit gefälschtem Profil handeln (weniger Angst vor Sanktionen, tiefere Hemmschwelle durch moralische Distanzierung).
- Machtungleichgewicht auch durch Besitz von Inhalten (z.B. peinliche Handyaufnahmen), technisches Know-how, Anonymität.
- Folgen der Angriffe sind für Täter und Täterinnen nicht oder weniger direkt sichtbar.

GEMEINSAMKEITEN VON MOBBING UND CYBERBULLYING
- Angriffe beginnen oft harmlos und werden mit der Zeit massiver.
- Resultieren aus zwischenmenschlichen Missverständnissen oder Konflikten.
- Ventil für Aggressionen.
- Täter will sich stärker fühlen/aufwerten, Macht oder Status erreichen/beibehalten.
- Opfer kann sich nicht allein aus seiner Situation befreien, Hilfe von außen notwendig.
- Es sind gravierende Folgen möglich.
- Möglichkeit der Wechselwirkung zwischen klassischem Mobbing und Cyberbullying.

In Anlehnung an die vom traditionellen Mobbing in der Schule bekannten Rollen können bezüglich Cyberbullying folgende Rollen definiert werden:

TÄTERIN/TÄTER:
aktives Mobbingverhalten

MITTÄTERIN/MITTÄTER:
Assistierende unterstützen den Täter aktiv,
beispielsweise durch technisches Know-how.
Verstärkende kommentieren die Tat befürwortend,
machen sich lustig, verbreiten Material.

OPFER:
betroffene Person

AUSSENSTEHENDE:
grenzen sich ab, beispielsweise indem sie auf Social-Media-Plattformen nicht präsent sind oder den Nachrichten-
fluss online nicht verfolgen

ZUSCHAUENDE:
Den Zuschauenden kommt eine wichtige Rolle zu. Sie
können den weiteren Verlauf des Cyberbullyings maßgeb-
lich beeinflussen: Im negativen Fall können sie als Verstärkende die Tat befürwortend kommentieren und das
Material weiterverbreiten. Dadurch treiben sie die Vikti-
misierung voran und werden zu Mittäterinnen und Mit-
tätern. Im positiven Fall können aber Zuschauende die
Täterinnen und Täter zum Aufhören auffordern, die Hilfe
von Erwachsenen suchen und das Opfer emotional unterstützen. Couragierte Zuschauerinnen und Zuschauer
signalisieren so, dass die Attacken nicht erwünscht sind.
Bleiben bestätigende Feedbacks aus, lohnen sich die Angriffe für Täterinnen und Täter weniger, sie isolieren sich
damit selbst.

SEXTING

DIE SELBSTDARSTELLUNG IM NETZ IST AUCH EINE SUCHE NACH ZUSTIMMUNG UND ANERKENNUNG.

Franz Josef Röll, Soziologe und Medienpädagoge

Nacktbilder von sich selbst im Netz zu entdecken, ist eine ziemlich unangenehme Vorstellung. Wer sich in sozialen Medien tummelt, weiß, dass Schamlosigkeit oft nur einen Klick entfernt ist. Dies zeigen die Schlagzeilen über Prominente, deren intime Selbstaufnahmen durch Hackerangriffe an die Öffentlichkeit gelangten. Von der Boulevardpresse unbeobachtet, passiert Ähnliches auch Menschen, die nicht im Fokus des öffentlichen Interesses stehen. Wenn erotische Selfies im Internet oder auf falschen Smartphones landen, steht dies oft in Zusammenhang mit Sexting. Dieser Begriff bezeichnet das Versenden von selbst geknipsten intimen Fotos. Es ist eine medialisierte Form, wie Sexualität ausgelebt werden kann. In vertrauten Paarbeziehungen von Volljährigen kann Sexting eine Spielart intimer Kommunikation sein. Solange die Beteiligten vertraulich mit den persönlichen Aufnahmen umgehen, wird Sexting meist als unproblematisch erlebt. Unangenehm wird es, wenn die persönlichen Bilder öffentlich werden.

Auch Jugendliche lassen sich dazu hinreißen, intime Bilder von sich zu erstellen und zu verschicken, zuweilen einfach um die Wirkung des eigenen Körpers auf andere zu testen, verbunden mit romantischen Hoffnungen oder mit Schmetterlingen im Bauch. Leicht geht dabei aber vergessen, dass das, was für zwei bestimmt ist, mit dem Verblassen der innigen Liebe im Netz landen kann. Was der Empfänger mit dem intimen Material macht, ist unkontrollierbar. Ein als Liebesbeweis verschicktes Nacktfoto kann nach einer Trennung zur Gefahr werden und an unerwünschte Adressaten oder Zuschauende gelangen. Gründe dafür können Leichtsinn, Geltungsbedürfnis, Enttäuschung, Neid, Frust, Rache, Erpressung oder Mobbingabsicht sein. Wer Nacktaufnahmen von sich macht und verbreitet, kann aus gesetzlicher Perspektive auch zum Täter werden: Wenn Jugendliche im Schutzalter (bis zum vollendeten sechzehnten Lebensjahr) Nacktfotos verbreiten, machen sie sich als Anbieter von Kinderpornografie strafbar.

Das Risiko, das Jugendliche mit der Verbreitung von erotischen und sexuellen Bildern eingehen, ist beträchtlich. So kann eine erotische Nachricht, eigentlich für den Schatz gedacht, schnell im ganzen Schulhaus zirkulieren. Spott, Lästereien, Stigmatisierung, Ausgrenzung und Reputationsverlust können Folgen davon sein. Was als Sexting beginnt, kann leicht in Cyberbullying übergehen.

Drei Beispiele aus der Praxis:

ZEIG MAL, WIE KNACKIG DU BIST …

Nora und Mats, die sich aus der Schule flüchtig kennen, treffen sich am Samstagabend zufällig im virtuellen Raum des Onlinechats. Durch die Unterhaltung über Freizeitaktivitäten entdecken sie Gemeinsamkeiten, entwickeln Sympathien, und es entsteht ein Flirt, der sich bald um bereits gemachte und geplante sexuelle Erfahrungen dreht. Erlebtes und Erträumtes, Spaß und Prahlerei vermischen sich.

Nora fordert Mats schließlich auf, mal zu zeigen, wie knackig er sei. Kurz darauf erscheint auf ihrem Bildschirm ein Bild von Mats, das ihn splitternackt zeigt. Nora ist überrascht, dass Mats auf ihre nicht ganz ernst gemeinte Provokation reagiert hat. Perplex und überfordert schickt sie das intime Bild ihrer besten Freundin Jonna. Diese, angeekelt und belustigt zugleich, schickt das exklusive Bild an Karen und Rico weiter.

Mats wundert sich über Noras ausstehende Reaktion, mit mulmigem Gefühl loggt er sich spätabends schließlich aus. Am kommenden Tag wirkt er gegenüber seinen Eltern bedrückt, doch einem Gespräch weicht er den ganzen Sonntag über aus. Am Montagmorgen will Mats nicht aus dem Bett, er ist völlig verzweifelt. Unter Tränen zeigt er seinen Eltern die Mitteilungen, die er von Karen und Rico erhalten hat: Karen betitelt sein Bild mit »Pornoking der Klasse«, und Rico kommentiert fragend, »Scheiße Mann, nicht echt ... oder??«. »Zeig doch grad, wie du dir die Stange polierst ...«, legt er später nach. Mats möchte vor Scham im Erdboden versinken. Er hat höllische Angst vor den Sprüchen auf dem Pausenhof und hämischen Kommentaren im Netz.

Tausend Gedanken jagen ihm wirr durch den Kopf: Warum überhaupt hat Karen sein Bild? Wer hat es noch? Wut auf Nora – sie muss das Bild weiterverschickt haben. Wut auf sich selbst – hätte er das Foto doch niemals gemacht und schon gar nicht verschickt! Jetzt in die Schule? Unmöglich!

EINE KOLLEGIN HATTE EINEN FREUND …

Eine fünfzehnjährige Schülerin erzählt: »Eine Kollegin hatte einen Freund, und der verlangte von ihr, dass sie ein Ganzkörper-Nacktfoto von sich macht. Weil sie ihn so liebt und ihm vertraut, hat sie das auch getan. Sie hat sich dann wirklich ... sie trug nichts, keine Kleider, nichts. Sie hat sich im Spiegel fotografiert, mit Gesicht, und ihm das Bild per Handy geschickt. Und er hat es eigentlich auch für sich behalten, solange sie zusammen waren. Aber als sie ihn dann später verließ, war er so wütend auf sie, dass er das Bild allen zeigte, auch mir. Und wenn er es mir als Kollegin seiner Ex schon zeigt, weiß ich halt nicht, wem er das Bild sonst noch geschickt hat. Es ist ja nicht einfach so ein Bild. Man kann es ja nicht einfach wieder zurückholen und löschen.«

ICH LIEBTE IHN JA SO SEHR …

Eine vierzehnjährige Schülerin erzählt: »Ich war vor ein paar Wochen mit einem süßen Typen zusammen, und er wollte unbedingt Bilder von mir. Also so Nacktbilder. Ich wollte ihm diese Bilder nicht schicken, aber er hat mir Fotos von sich geschickt, in Boxershorts und so. Er machte dann immer mehr Druck, und ich liebte ihn ja so sehr. Ich hatte Angst, ihn zu verlieren, befürchtete, dass er Schluss macht, wenn er diese Fotos nicht bekommt. Und dann habe ich ihm die Bilder von mir im BH geschickt. Wir sind nicht mehr zusammen, er hat Schluss gemacht. Und er hat mein Bild seinen Kollegen weiterverschickt. Die Kumpels von meinem Ex machen jetzt dauernd fiese, perverse Sprüche über mich. In der Pause, auf dem Schulweg, überall. Zuerst versuchte ich, es zu ignorieren, aber es ging weiter, immer weiter. Ich schäme mich so. Einer droht nun sogar, die Bilder überall zu posten und weiterzuverschicken, wenn ich ihm nicht Nacktbilder schicke. Ich halte das nicht mehr aus …«

Stereotype gesellschaftliche Rollenbilder zeigen sich sowohl in Onlineprofilen als auch im Zusammenhang mit Sexting: Einerseits erhalten Mädchen viel Aufmerksamkeit, wenn sie sich perfekt gestylt in sexy Pose präsentieren. Anderseits werden sie gleichzeitig schnell als Schlampe oder Bitch betitelt und liefern sich dem Vorwurf aus, sich »billig« anzubieten.

Der in diesem Buch vorgestellte und online zugängliche Workshop

»Fit und fair im Netz« bietet Jugendlichen die Möglichkeit, sich näher mit der Sexting-Thematik auseinanderzusetzen. Im Rahmen des Workshops äußerten Jugendliche ihre Standpunkte, Haltungen und Ideen wie folgt:

>> WENN ICH ZU NACKTFOTOS GEDRÄNGT WERDE, KLINGT BEI MIR DAS ALARMSIGNAL, DASS DIESE BEZIEHUNG FÜR MICH DEFINITIV NICHT MEHR STIMMT.

>> WENN ER MICH WIRKLICH LIEBT, RESPEKTIERT ER MEIN NEIN.

>> MEIN EX SAGTE, WENN ICH IHN LIEBE, SOLLE ICH IHM EINE NACKTAUFNAHME SCHICKEN. ICH SCHRIEB IHM, WENN ER MICH WIRKLICH LIEBE, FORDERE ER NICHT SACHEN VON MIR, VON DENEN ER GENAU WISSE, DASS SIE MIR UNANGENEHM SEIEN.

>> SOLLTE JE JEMAND EIN NACKTFOTO VON MIR ALS LIEBESBEWEIS VERLANGEN, WÜRDE ICH ENTGEGNEN, DASS DAS NÖTIGUNG SEI UND ANGEZEIGT WERDEN KÖNNE.

>> IM SCHWIMMBAD SIEHT MICH JEDER IM BIKINI. ABER WENN ICH MEINEM FREUND EIN SEXY UNTERWÄSCHEFOTO SCHICKE, HYPERVENTILIEREN DIE ERWACHSENEN VOR SORGE. DAS WICHTIGSTE IST DOCH, DASS AUF DEM FOTO MEIN GESICHT NICHT DRAUF IST.

>> BEVOR ICH EIN FOTO VERÖFFENTLICHE, MACHE ICH EINEN SICHERHEITSCHECK, INDEM ICH MIR ÜBERLEGE: WIE WÜRDE ICH MICH FÜHLEN, WENN DIESES FOTO AUF PLAKATWÄNDEN FÜR ALLE SICHTBAR WÄRE?

>> IM CHAT FORDERTE MAL EINE EIN NACKTFOTO VON MIR ... ICH HAB IHR EIN BILD EINES SÜSSEN FILMSCHAUSPIELERS GESCHICKT.

>> WENN EIN TYP EIN TOPLESS-FOTO WILL, IGNORIERE ICH DAS ODER LENKE HUMORVOLL AB, INDEM ICH IHM EIN BILD VON ZWEI PRALLEN MELONEN ODER SO SCHICKE.

MEIN BILD GEHÖRT MIR

DIE WECHSELSEITIGE DAUERBE-OBACHTUNG DURCH BILDER IST DAS SCHICKSAL EINER GENERATION GEWORDEN, AN DER DIE BÜRGER-RECHTSKÄMPFE GEGEN DEN ÜBER-WACHUNGSSTAAT OFFENBAR SPUR-LOS VORÜBERGEGANGEN SIND. [...] MEIN ICH IST JEDERZEIT EINSEH- UND KONSUMIERBAR. NUR WER SICH VERSTECKT, WER KEIN HANDY, KEIN BILD UND KEINE ORTUNG VOR-WEISEN KANN, IST VERDÄCHTIG.

Dirk Schümer, Autor

Mit den Smartphones ist es sehr ein-fach geworden, Bild- oder Filmproduk-tionen spontan anzufertigen, allenfalls in einen anderen Kontext zu stellen, zu verfremden und zu veröffentlichen. Doch wer eine Privatperson ohne Zu-stimmung bildlich darstellt, verletzt damit das »Recht am eigenen Bild«[10].

Zur Zeit der analogen Fotografie war es noch einfach, dieses Recht zu res-pektieren. 24 oder 36 Aufnahmen pass-ten auf einen Film, und wenn er voll war, musste er zur Entwicklung ins La-bor. Das Warten begann, die Spannung war groß und es zeigte sich erst nach ein paar Tagen, wie die Bilder geworden waren. Aufgrund ihrer Langsamkeit war die analoge Foto-grafie zur spontanen Verbreitung von Aufnahmen ungeeignet und dadurch vergleichsweise ungefährlich.

Auch die digitale Fotografie veränderte daran vorerst wenig: Die ers-te Digitalkamera wurde 1974 präsentiert; sie hatte einen 0,1-Mega-

10   CH: Art. 28 ZGB (Personenrecht); D: Art. 2/Art. 1 GG; A: § 16 AGBG

pixel-Sensor, brauchte 23 Sekunden zur Bildspeicherung und wog über vier Kilo. Es dauerte über 20 Jahre, bis Digitalkameras einerseits leistungsfähig, handlich und bezahlbar wurden, anderseits mit einem integrierten Display erstmals die Möglichkeit boten, die Aufnahmen unmittelbar zu betrachten. Durch ihre fehlende oder umständliche Vernetzung waren auch Digitalkameras lange Zeit weitgehend ungefährlich.

Heute gilt die Negativfilmrolle als fast so antiquiert wie die Papyrusrolle, und Jugendliche tragen ganz selbstverständlich Smartphones mit sich, die in der Kindheit ihrer Eltern noch Science-Fiction-Fantasie waren. Schützende Faktoren wie zeitliche Verzögerung und eingeschränkte Verbreitungsmöglichkeiten sind längst weggefallen. Die Möglichkeiten der Bearbeitung und Verbreitung sind inzwischen nahezu grenzenlos. Ist der Umgang mit den vielfältigen technischen Möglichkeiten nicht verantwortungsvoll, kann dies zu unangenehmen oder verletzenden Situationen führen, wie folgendes Beispiel aus der Praxis zeigt:

> Mia und ihre Freundinnen fahren täglich mit dem Schulbus. Sie haben es sich zum Sport gemacht, während der Fahrt mit ihren Smartphones unvorteilhafte Fotos von anderen zu knipsen. Die Aufnahmen werden in der eigens dafür erstellten Chatgruppe veröffentlicht und innerhalb der Clique amüsiert kommentiert: Wer ist heute der Hässlichste, wer die Doofste? Die unfreiwillig abgebildeten Personen fühlen sich bloßgestellt, können aber selber wenig dagegen unternehmen.

Auch wenn viele Jugendliche die modernen Kommunikationstechnologien ganz selbstverständlich nutzen, sind auch sie mitunter von der rasanten und unüberblickbaren Verbreitung der digitalen Informationen überfordert, vor allem emotional. Wie schnell sich Bilder im Internet verbreiten, erforschte eine engagierte Lehrerin gemeinsam mit ihrer Klasse. Sie postete auf ihrer Facebook-Seite ein von ihren Schülerinnen und Schülern gestaltetes Plakat mit folgendem Text: »Wir sind eine Schulklasse und befassen uns im Unterricht mit den Gefahren des Internets. Wir wollen beobachten, wie rasant sich persönliche Informationen online verbreiten können. Bitte liken und teilen sie diesen Post.« Das Bild erreichte innert drei Wochen weit über 7000 Likes. Wie würde sich wohl eine Person fühlen, deren privates und vielleicht freizügiges Foto sich ungewollt so schnell verbreitet hätte?

Wer Bilder von Drittpersonen posten will, soll die abgebildete Person um ihr Einverständnis bitten und sich überlegen, ob sich die Bilder wirklich zur Veröffentlichung eignen. Eine Entscheidungshilfe kann die Frage sein: Möchte ich eine solche Aufnahme von mir selbst im Netz finden?

Internet, neue Medien und digitale Kommunikationskanäle sind keine rechtsfreien Räume. Im Zusammenhang mit Cyberbullying oder Sexting kommt es zu strafbaren Handlungen, die in folgende Bereiche des schweizerischen Strafrechts[11] fallen:

§ Herstellung und Verbreitung von Gewaltdarstellungen (Art. 135 StGB)

§ Unbefugtes Eindringen in ein Datenverarbeitungssystem (Art. 143 StGB)

§ Datenbeschädigung (Art. 144 StGB)

§ Betrügerischer Missbrauch einer Datenverarbeitungsanlage (Art. 147 StGB)

§ Erpressung (156 StGB)

§ Ehrverletzung, üble Nachrede (Art. 173 StGB)

§ Verleumdung (Art. 174 StGB)

§ Beschimpfung (Art. 177 StGB)

11   In Deutschland gilt v.a. § 184 StGB; für das österreichische Strafrecht v.a. § 207 StGB.

§ Unbefugtes Beschaffen von Personendaten (Art. 179 StGB)

§ Drohung (Art. 180 StGB)

§ Nötigung (Art. 181 StGB)

§ Pornografie; die Verbreitung pornografischer Bilder ist strafbar, wenn die Darsteller oder Empfänger jünger als sechzehnjährig sind. (Art. 197 StGB)

VON ZAHNBÜRSTEN UND PASSWÖRTERN

TEILEN IST GUT. ABER MEIN PASS-
WORT GEHÖRT NUR MIR.

Harbin, 14, Schüler

Zum Zeichen ihrer grenzenlosen Liebe oder als Beweis ihrer allerbesten
Freundschaft verraten sich Teenager
gerne ihre Passwörter. Dieser ultima-
tive Vertrauensbeweis soll symbolisieren, dass es nichts voreinan-
der zu verbergen gibt. Was in guten Zeiten meist funktioniert, kann
im Trennungsschmerz oder Liebesfrust böse enden. Enttäuschung,
Verletzung, Streit oder Neid können dazu führen, dass Vertrauen
und Passwort missbraucht werden. Beispielsweise, indem Vertrauli-
ches veröffentlicht oder in fremdem Namen Fieses verbreitet wird.
Schnell werden so aus besten Freundinnen oder ehemals Verliebten
Täterinnen, Täter und Opfer.

Wenn ein Profil gehackt oder ein Passwort geknackt wurde, stecken
seltener kriminelle Unbekannte als Personen aus dem nahen persönlichen Umfeld dahinter. Fliegt eine solche Sache auf, ist das Drama
oft ebenso groß wie die Enttäuschung über den Vertrauensbruch
und die eigene Unachtsamkeit. Meist zeigt sich, dass der Aufwand
zum unerlaubten Login minimal war. Entweder war das Passwort alles andere als geheim oder als bequemes Login fix gespeichert. Oder
es war kein Logout erfolgt und der unerlaubte Zugriff deshalb ein-

fach. In Fällen wie diesen hilft auch ein ausgeklügelter Code nichts. Doch wie lässt sich ein gutes Passwort finden, das einerseits sicher und anderseits gut merkbar ist? Eine Ziffernfolge wie 123456789 oder eine Kombination von eigenem Namen und Jahrgang ist zwar einprägsam, bietet aber keinerlei Sicherheit. Es sollten

- keine Namen oder Geburtsdaten,
- keine Informationen, die mit dem genutzten
  Konto in Verbindung stehen,
- keine Begriffe aus dem Wörterbuch,
  sondern Kombinationen von großen und kleinen Buchstaben,
  Zahlen sowie Sonderzeichen,
- mindestens acht Zeichen

verwendet werden.

Ein individuelles Passwort lässt sich aus einem selbst formulierten Satz bilden. Dieser sollte Zahlen und Sonderzeichen beinhalten. Reiht man die ersten Buchstaben, Zahlen und Zeichen der Satzbestandteile aneinander und kombiniert diese beispielsweise durch ein @ mit den beiden letzten Ziffern der jeweiligen Internetadresse, ergibt sich ein gut merkbares, variables Passwort, das die nötigen Sicherheitskriterien erfüllt.

Ein Beispiel:

Satz: Meine Großmutter wohnt an der Hauptstraße 56.

Das Passwort wird für diese Internetseite gebraucht:
www.beispielbook.com

Ergebnis/Passwort: MGwadH56@ok

Wer sein Passwort nicht ausplaudert, sich immer ausloggt und das Passwort regelmäßig ersetzt, kann sich einige Enttäuschungen ersparen. Eigentlich verhält es sich mit dem Passwort ganz ähnlich wie mit der eigenen Zahnbürste ... oder wer teilt sie sich mit anderen?

VIEL MEHR ALS NUR FLAUSEN IM KOPF

KEIN LEBENSALTER BIETET SO VIEL VITALITÄT, NEUGIER UND BEGEISTERUNGSFÄHIGKEIT WIE DIE JUGEND. ABER: IN KEINER LEBENSPHASE SIND MENSCHEN ANFÄLLIGER FÜR PROBLEME, DIE DIE EIGENEN LÖSUNGSMÖGLICHKEITEN ÜBERSTEIGEN, ALS IN DER JUGEND.

Christiane Bauer, Sozialpädagogin

Was »der Jugend« nicht alles unterstellt wird: Apolitisch sei sie, angepasst, langweilig aber auch. Besoffen, sexualisiert und opportunistisch … In Bezug auf die neuen Medien soll »die Jugend« zur Netzgeneration, zur »Generation Touchscreen«, »Generation Selfie«, »Generation Kopf unten«, »Generation Z« oder »Generation@« gehören. Oft dienen solche pauschalisierenden Zuschreibungen einzig der schnellen, grellen Schlagzeile. Doch setzt sich nicht jede Altersgruppe, jede Generation aus Individuen und Gruppen mit unterschiedlichsten Interessen, Eigenschaften und Problemen zusammen? Wenn folgend »die Jugend« skizziert wird, dann im Bewusstsein ihrer großen Diversität.

»The teenage brain is like a car with a good accelerator but a weak brake. With powerful impulses under poor control, the likely result is a crash.«[12] So beschreibt der amerikanische Psychologe Laurence Steinberg die von hoher Impulsivität, großer Risikobereitschaft und starkem Neugierverhalten geprägte Zeit der Pubertät und Adoles-

12   Steinberg zit. in Chen 2010.

zenz. Der Motor des Wagens läuft also bereits auf Hochtouren, während dem die Lenkerin oder der Lenker noch nach der Bremse sucht.

Die Jugendphase ist von großen körperlichen, seelischen und neuronalen Veränderungen geprägt. Während der Pubertät (ca. 11. bis 15. Lebensjahr) und der Adoleszenz (ca. 16. bis 21. Lebensjahr) werden im präfrontalen und orbitalen Cortex die Kanäle und Kontaktstellen (Synapsen), auf denen Informationen und Emotionen transportiert und verarbeitet werden, radikal verändert und neu justiert. Der neuronale Kabelsalat unter der Schädeldecke wird aufgeräumt, unwichtige Verbindungen werden gekappt. Während dieser Umbauphase wird das Frontalhirn

GLÜCKLICHERWEISE HANDELT ES SICH DABEI NICHT UM CHARAKTERMÄNGEL, SONDERN UM VORÜBERGEHENDE BETRIEBSSTÖRUNGEN DES JUGENDLICHEN GEHIRNS.

vorübergehend geschwächt, und das limbische System (Impulsivität, Triebverhalten, Euphorie usw.) gewinnt an Einfluss. Dies beeinträchtigt das rationale Denken, das planende Vorausschauen, die Empathiefähigkeit, eine wirkungsvolle Selbstkontrolle und die Fähigkeit, Konsequenzen abzuschätzen. Glücklicherweise handelt es sich dabei nicht um Charaktermängel, sondern um vorübergehende Betriebs-

störungen des jugendlichen Gehirns.[13] Die Bildung der eigenen Identität ist für Jugendliche eine zentrale Entwicklungsaufgabe. Sie lernen ihren sich verändernden Körper neu kennen und suchen die eigene Geschlechterrolle. Die Beziehungen zu Eltern und Gleichaltrigen werden neu definiert. Es kommt zu einer Bewegung aus der Familie hinaus hinein in die Peergroup, einer autonom formierten Gleichaltrigen- oder Gleichgesinntengruppe. Die Peergroup bietet Orientierungshilfe, Rückzugsmöglichkeit und Rückendeckung, beispielsweise bei Konflikten mit Eltern oder Lehrpersonen. Sie öffnet die Möglichkeit, den eigenen Status und Stellenwert in der Gesellschaft zu testen und zu erkennen. Die Abhängigkeit von der Ursprungsfamilie wird von einer neuen Abhängigkeit, der starken Orientierung an Gleichaltrigen, abgelöst. Vielfach ist Konformität mit anderen Mitgliedern der Schlüssel zur Integration in eine Gruppe, sie bewirkt jedoch auch Anpassungs- und Gruppendruck. Die Jugendlichen unterziehen sich dabei oft kritiklos den geltenden Gruppennormen, und es besteht die Gefahr, dass sich Einzelne dem Gruppendruck beugen und die Verantwortung über ihr eigenes Tun an die Gruppe delegieren. Während also enge Beziehungen zu Gleichaltrigen eine immer wichtigere

13   Vgl. Lauper/De Boni 2011: 37–39.

Rolle einnehmen, reagieren Jugendliche auf Erwachsene zunehmend mit oppositioneller Haltung. Gesellschaftliche Normen und Werte werden hinterfragt oder abgelehnt. Zur Abgrenzung können beispielsweise eigene Kommunikationsarten, das Nichterfüllen von Erwartungen, radikale Ansichten, unkonventionelle Kleidung, hohes Risikoverhalten oder der Konsum von Suchtmitteln dienen. In einer permissiven Gesellschaft – Mutter oder Vater tragen jugendliche Klamotten, haben einen ähnlichen Musikgeschmack, sind tätowiert – wird es für Jugendliche immer schwieriger zu schockieren, Entrüstung zu ernten und sich dadurch zu differenzieren.[14] Ebenfalls erschwerend für die Abgrenzung ist die an sich positive Entdramatisierung des Generationenverhältnisses: Eltern sind verständnisvoller geworden und beteiligen ihre Kinder partnerschaftlich an wichtigen Erziehungsfragen[15]. In den Medien werden Jugendliche im Zusammenhang mit Gewalttaten, Vandalismus, Vergewaltigungsfällen, Cyberbullying und Massentrinken als verroht dargestellt. Beschreibungen sind oft von einer spektakulären, auf Sonder- und Randgruppen fixierten Medienberichterstattung geprägt. Langzeitstudien[16] kontrastieren solche pauschalisierenden und negativen Zuschreibung mit Untersuchungsergebnissen, die der großen Mehrheit von Jugendlichen entgegen allen Vorurteilen ein hohes Maß an sozialen Kompetenzen wie Mitgefühl und Verantwortungsbewusstsein sowie ein starkes Leistungsbewusstsein und eine hohe Anstrengungsbereitschaft attestieren. Der Schweizer Kinderarzt Remo Largo bezeichnet die Pubertät als einen Jungbrunnen für die Gesellschaft und stellt fest, dass ohne diese turbulente Phase künstlerische Kreativität, Erneuerung von ethischen Vorstellungen sowie technische und wissenschaftliche Innovationen weitgehend ausbleiben würden.[17]

14   Vgl. Urech 2009: 11.
15   Vgl. Ferchhoff 2011: 364–367.
16   Vgl. etwa Cocon Repräsentativstudie unter www.cocon.uzh.ch [13.7.16].
17   Vgl. Largo/Czernin 2011: 24.

VON EINGEBORENEN UND EINGEWANDERTEN

DO OUR DEVICES DIVIDE US?

Eric Pickersgill, Fotograf

Der amerikanische Lehrer, Autor und E-Learning-Experte Mark Prensky prägte 2001 die Begriffe »Digital Natives« und »Digital Immigrants«.[18] Die Digital Natives (digitale Eingeborene, Jahrgänge ab ca. 1980) wuchsen in den 1990er-Jahren in das digitale Zeitalter hinein. Sie erlebten während ihrer Schulzeit das Aufkommen des World Wide Web, die Aufschaltung der ersten anwenderfreundlichen Browser, die zunehmende Verbreitung von Handys und den Start der ersten sozialen Netzwerke. Aufgrund ihrer frühen Sozialisierung mit den digitalen Medien wird den Digital Natives eine agile, unkomplizierte, versierte und vor allem spielerisch-lustvolle Nutzung der neuen Informations- und Kommunikationstechnologien zugeschrieben. Das Internet und die neuen Medien sind für die Digital Natives Teil ihrer Lebenswelt, sie unterscheiden nicht zwischen dem echten Leben und dem virtuellen Raum.

Im Gegensatz dazu lernten die vor 1980 geborenen Digital Immigrants (digitale Einwanderer) Computer, Handy und Internet erst später in ihrer Medienbiografie kennen und mussten feststellen, dass die gewohnten Informations-, Kommunikations- und Unterhaltungskanäle wie Zeitung, Kabelfernsehen, Briefpost und Festnetz-

18   Prensky 2001.

telefon an Relevanz einbüßten. Dies ist aber nicht nur ein Nachteil: Da die digitalen Einwanderer aufgrund ihrer analogen Sozialisierung noch mit einem Bein in der analogen Welt stehen, sind sie mit alternativen Kulturtechniken (Bsp. Kartenlesen) vertraut, die den Digital Natives – die nie gelernt haben, ganz ohne das Internet zu leben – weitgehend fremd sind (Bsp. Navigationsgerät).

Die Unterscheidung von digitalen Einwanderern und digitalen Eingeborenen wird in Diskussionen zwar bis heute gerne beigezogen, sie ist in ihrer verallgemeinernden Art inzwischen aber veraltet und wird heute kritisch betrachtet. Kinder und Jugendliche verfügen nicht alleine aufgrund ihres Geburtsjahres über einen autodidaktischen und unverkrampften Zugang zu neuen Medien. In eine digitale Welt geboren zu werden, bedeutet nicht, automatisch zu verstehen, wie sie funktioniert, wo Gefahren lauern und wie man sich darin sicher bewegt. Kinder und Jugendliche, die Geräte und Anwendungen technisch beherrschen, sind sich nicht automatisch auch der Konsequenzen ihres Onlineverhaltens bewusst. Oft

KINDER UND JUGENDLICHE, DIE GERÄTE UND ANWENDUNGEN TECHNISCH BEHERRSCHEN, SIND SICH NICHT AUTOMATISCH AUCH DER KONSEQUENZEN IHRES ONLINEVERHALTENS BEWUSST.

erreichen sie ihr Ziel durch unbedarften Trial-and-Error und verhalten sich dadurch eher wie »Digital Naives«. Die Unterscheidung in Eingeborene und Einwanderer kann Eltern, Erziehende und Lehrpersonen hemmen, die neuen Medien zum Thema zu machen, weil sie davon ausgehen, dass die jüngere Generation besser damit vertraut ist und sie in diesem Bereich wenig Unterstützung bieten können. Daraus kann sich eine Ohnmacht ergeben, und es gibt Eltern, die sich weitgehend aus der Medienerziehung verabschieden, weil sie die Kluft zwischen den eigenen Fähigkeiten und jenen der Kinder als unüberwindbar groß empfinden.

Heute ist eine Trennlinie nach Alter wenig sinnvoll. Menschen aller Altersstufen sind regelmäßig online, einige leidenschaftlich, andere eher zurückhaltend oder widerstrebend. Der deutsche Psychologe und Netzwerkforscher Peter Kruse unterscheidet die Nutzergruppen aus diesem Grund nach ihrem Nutzungsverhalten in »Digital Visitors« (digitale Besucher) und »Digital Residents« (digitale Einwohner). Die digitalen Einwohnerinnen und Einwohner sind Personen, die ihren privaten und beruflichen Alltag weitgehend auf das Netz abstützen, technischen Veränderungen gegenüber offen sind und im Sinn von Web 2.0 gestaltend eingreifen. Demgegenüber gehen die digitalen Besucherinnen und Besucher nur dann ins Internet, wenn sie schnell und aktuell praktische Informationen erhalten wollen. Beziehungen bauen sie in der direkten, persönlichen Begegnung auf und pflegen sie allenfalls begleitend online weiter.[19] Entscheidend ist demnach also nicht, welcher Altersgruppe oder Generation jemand angehört, sondern ob das Internet als Werkzeug oder als Lebensraum, reflektiert oder unbedacht, mitgestaltend oder konsumierend genutzt wird.

Kinder wachsen heute mit Unterhaltungs- und Kommunikationstechnologien auf, die ihren Eltern in deren Kindheit noch völlig unbekannt waren. Vielleicht sind Erwachsene nicht ohne Weiteres in der Lage, der jüngeren Generation technische Finessen zu vermitteln. Durch ihre Lebenserfahrung können sie aber Unterstützung darin bieten, einen reflektierten Umgang mit den neuen Medien zu erlernen. Sie sind erprobter in der Auseinandersetzung mit Gefühlen wie Neid, Streit, Liebe und Wut. Erziehende können Kindern und Jugendlichen im Umgang mit neuen Medien wirksam helfen, indem sie ihren Erfahrungsvorsprung in Zwischenmenschlichem nutzen und helfen, diese Erfahrungen in die digitale Kommunikation zu übersetzen. Sie begleiten die heranwachsende Generation diesbezüglich auf einem unbekannten Weg. Niemand weiß, wohin er uns als Individuen und Gesellschaft führen wird. Diese Tatsache erschwert einerseits die elterliche und schulische Erziehungsaufgabe, macht sie aber gleichzeitig eminent wichtig.

19   Vgl. Kruse 2010: 27.

ELTERN ALS ZENTRALE BEZUGSPERSONEN

ERZIEHUNG IST DER BESTE FILTER FÜR GEFAHREN IM INTERNET.

Divina Frau-Meigs, Mediensoziologin

Eltern erfüllen die grundlegendste Aufgabe einer Gesellschaft – die Erziehung der heranwachsenden Generation. Trotz Ablösungsbewegungen und zunehmender Wichtigkeit der Gleichaltrigengruppe bleiben Eltern für Jugendliche zentrale Bezugspersonen. Auch in der Pubertät und Adoleszenz ist das Elternhaus ein wichtiger Ort von Geborgenheit. Ein Ort, wo Jugendliche erzählen und abladen können, unabhängig von Schwächen und Krisen akzeptiert und geliebt werden. Eltern haben auch während der Pubertät ihrer Kinder einen wichtigen Einfluss auf die emotionale und soziale Entwicklung ihres Nachwuchses, doch das kann sich in dieser Phase geradezu konträr anfühlen: Die bisher übermächtige Elternrolle erfährt eine Entmystifizierung, die elterliche Meinungsführerschaft verblasst. Eltern merken, dass sie für ihr Teenager-Kind nicht mehr die größte Rolle spielen, temporär gar als ziemlich überflüssig wahrgenommen werden. Gespräche entwickeln sich zu aufreibenden Machtkämpfen, Antworten des Kindes reduzieren sich zunehmend auf »keine Ahnung«, »manchmal« oder »keine Zeit«. Wichtig ist, dass Eltern ihre Meinung und Haltung auch in solchen Momenten und Phasen klar kommunizieren. Gleichzeitig gilt es auch zu zeigen, dass das eine Sichtweise ist und dass es daneben auch andere Meinungen gibt. Es gilt, der Tochter oder dem Sohn die Gewissheit zu geben und zu vermitteln,

– dass Eltern nicht alles kontrollieren können und wollen, dem Kind aber zutrauen, Verantwortung für sich zu tragen;
– dass Eltern das Kind nicht vor Problemen bewahren können, ihm aber bei Schwierigkeiten immer zur Seite stehen;
– dass es im sozialen Miteinander Regeln und Pflichten gibt, an die sich zu halten hat, wer ernst genommen werden will.

Eltern sind auch die wichtigsten Partner der Schule. Einerseits ist die familiäre Unterstützung ein wichtiger Schutzfaktor bei Mobbing und Cyberbullying, anderseits können schulische Trainingsprogramme für prosoziales Verhalten ihr Potenzial nur dann wirklich entfalten, wenn sie von den Eltern mitgetragen werden. Ziele und Funktionen von Familie und Schule greifen ineinander, sind überlappende Sphären und können am effektivsten realisiert werden, wenn Eltern und Lehrkräfte sich abstimmen und zusammenarbeiten. Eine von beiden Seiten gepflegte Erziehungs- und Bildungspartnerschaft ermöglicht befriedigendere und erfolgreichere Lösungen. Eine konstruktive Vernetzung beider Sozialisationsinstanzen stärkt Familie und Schule gleichzeitig. Sie gelingt besonders gut mit einer von Respekt und Wertschätzung geprägten Haltung;[20] einer Haltung, in der seitens der Schule davon ausgegangen wird, dass Eltern ...

– stolz auf ihr Kind sein möchten,
– gute Nachrichten über ihr Kind schätzen,
– einen positiven Einfluss auf ihr Kind ausüben wollen,
– als gute Eltern wahrgenommen werden möchten,
– ihrem Kind eine gute Zukunft wünschen.

Diese Haltung anerkennt auch, dass Erziehungsarbeit anspruchsvoll ist, von vielen Faktoren mitbestimmt wird und dass der Erziehungsalltag keinen Feierabend kennt.[21]

20   Vgl. Berg/Shilts 2005: 16.
21   Vgl. Baeschlin et al. 2007: 68.

Eltern sind mit ihren Kindern im Teenageralter immer gefordert, gelegentlich überfordert. Eine aktuell große Herausforderung sind digitale Medien wie Smartphones. Mütter und Väter sind unsicher, wie viel Zeit im Internet und an Geräten für ihre Kinder sinnvoll ist. Sie befürchten, dass ihr Kind online mit nicht altersgerechten Inhalten konfrontiert wird, dass der Internetgebrauch immer mehr Zeit beansprucht, zu körperlicher Inaktivität, schlechteren schulischen Leistungen und weniger direkten sozialen Kontakten führt. Erziehende denken, dass eine Generation heranwächst, deren Funktionieren vom Internet und dessen digitalen Endgeräten abhängen wird.

Mütter und Väter erzählen vom täglichen zähen und unbefriedigenden Kampf zur Frage, wie viel Zeit im Internet verbracht werden darf; von Auseinandersetzungen, die bei den Kindern mit Tränen oder Wutausbrüchen, seitens der Eltern mit Kapitulation enden. »Nicht in meinem Haus!«, galt einst für alles, was Eltern nicht goutierten. Inzwischen geschehen im selben »eigenen Haus« via Smartphone und Internet gerade Dinge, die sich jeder Kontrolle entziehen. Der Kurzfilm »Wo ist Klaus?«[22] erzählt diese paradoxe Situation humorvoll und beängstigend zugleich:

> Ein Auto stoppt quietschend vor einem beschaulichen Wohnhaus. Vier Neonazis steigen aus, klingeln bei der Familie Dr. Vogel und verlangen in harschem Ton nach Klaus. Frau Vogel weist den Überraschungsgästen den Weg ins Kinderzimmer. Daraufhin klingelt eine knapp bekleidete Pornodarstellerin, die mit Klausi ein paar Stellungen ausprobieren will. Ein Killerroboter ballert sich den Weg in Klaus' Zimmer frei. Zuletzt fragt ein Pädophiler nach Klaus' kleiner Schwester Anna. Er lobt ihren niedlichen Plüschhasen, nimmt sie an der Hand und verspricht, ihr einen richtigen Hasen zu zeigen ...
>
> Am Schluss kommentiert eine Stimme aus dem Off: Im richtigen Leben würden Sie Ihre Kinder schützen. Dann machen Sie es doch auch im Internet.

22   Verfügbar über www.klicksafe.de › Wo ist Klaus? [13.7.16].

SCHRITT FÜR SCHRITT ZUR MEDIENKOMPETENZ

WIR SIND VERMITTLER VON NEUEN KOMPETENZEN, VON DENEN WIR NICHT GENAU WISSEN, WOHIN SIE FÜHREN.

Divina Frau-Meigs, Mediensoziologin

Medienkompetenz beinhaltet einen verantwortungsvollen Umgang mit neuen und digitalen Medien. Sie setzt sich aus einer technischen und einer psychosozialen Komponente zusammen. Erstere ist notwendig, um überhaupt mit Geräten und Programmen umgehen zu können. Zweitere ist komplexer, hier geht es darum zu erkennen, welches Verhalten im Internet zu welchen Folgen führen kann. Psychosoziale Medienkompetenz umfasst unter anderem

- die Fähigkeit, Medien und ihre Inhalte den eigenen Zielen und Bedürfnissen entsprechend zu nutzen;
- das Wissen darüber, wie man das Bedürfnis nach Information und Unterhaltung erfüllen kann, ohne ungefiltert zu konsumieren;
- einen bewussten und vorsichtigen Umgang mit persönlichen Daten;
- das Bewusstsein über Risiken und Gefahren;
- Kenntnis und Einhaltung von fairen Umgangsregeln;
- die Fähigkeit, den eigenen Medienkonsum zu hinterfragen;
- die Fähigkeit, sich vor digitaler Ablenkung abzuschirmen.

Die schrittweise Aneignung von Medienkompetenz lässt sich gut mit dem Lernen des Fahrradfahrens vergleichen: Eltern würden ihr Kind niemals ohne jahrelanges Üben auf der belebten Hauptstraße fahren lassen. Meist beginnt das Abenteuer auf einem verkehrsfreien Platz, auf dem das Kind lernt, sich mit seinem Laufrad zu bewegen. Mit Helm und Gelenkschonern geschützt, trainiert es zuerst mit, dann ohne elterliche Hilfe sein Gleichgewicht, bis es reif für das erste Kinderfahrrad ist. Erst stürzt es gelegentlich, dann wird es immer sicherer im Treten, Bremsen und Lenken. Unter Aufsicht darf das Kind durch die Quartierstraße fahren, um sich weitere Fahrsicherheit und Selbstständigkeit anzutrainieren. Sobald das Kind kognitiv so weit ist, dass es die grundlegenden Verkehrsregeln verstehen und befolgen kann, werden – zuerst unter Begleitung der Eltern, dann zunehmend selbstständig – Fahrten auf der von zahlreichen Verkehrsteilnehmern genutzten Hauptstraße möglich, schließlich auch größere Radtouren.

Ähnlich aufbauend, prozesshaft, begleitet und risikobewusst soll sich das Kind auch der Onlinewelt annähern und sich Medienkompetenz aneignen können. Folgende Schritte und Empfehlungen für die Nutzungsdauer von Bildschirmmedien können dabei helfen:[23]

1. SCHRITT: KINDER BIS DREI JAHRE

o Minuten/Tag.

Für Babys und Kleinkinder ist alles, was angefasst und mit allen Sinnen entdeckt werden kann, spannender und wichtiger als Bildschirmmedien. Durch eigenhändiges Tasten, Kneten, Malen und Bauen macht das Kind wichtige Primärerfahrungen. So erlernt es kreatives Denken, entwickelt seine Motorik und eignet sich die Fähigkeit an, sich selbst zu beschäftigen. Das Erzählen von kurzen Bilderbuchgeschichten regt die sprachliche Entwicklung an und fördert die Beziehung. Das Smartphone ist kein Babysitter – auch wenn es bereits Apps gibt, die das Gegenteil versprechen. Kleinkinder, die sofort mit dem Smartphone unterhalten werden haben

---

23   Es gibt keine allgemeingültigen Regeln zur Bildschirmmedien-Nutzungsdauer. Die Zeitangaben dienen als Diskussionsgrundlage und bedürfen einer Anpassung an die Gegebenheiten in der jeweiligen Familie. Zu den Bildschirmmedien gehören alle Medien mit Screen (Smartphone, Spielkonsole, Fernseher, Laptop, Tablet, Computer usw.).

keine Möglichkeit, Geduld zu erlernen oder ihre Langeweile mit eigenen Ideen zu bewältigen. Stattdessen lernen sie, dass sie von Geräten unterhalten werden, sobald sie quengeln.

Zwar können Kinder auf dem Wickeltisch oder in der Badewanne sehr süß sein, doch soll alle Welt das Kind so privat und in persönlicher Umgebung sehen können? Der Ausdruck »digitaler Fußabdruck« bezeichnet die Bilder und Informationen, die wir im Internet hinterlassen. Schon viele Kleinkinder haben unfreiwillig eine solche Onlinepräsenz. Fotos von anderen dürfen nur veröffentlicht werden, wenn die Fotografierten einverstanden sind. Nur weil Kinder noch zu klein sind, selbst zu entscheiden, ob sie Bilder von sich im Internet verbreiten möchten, heißt das nicht, dass ihre Eltern das tun dürfen. Die Eltern verwalten den Anspruch des Kindes, dass sein Recht am Bild geschützt wird. Wichtig ist, dass sie sich vor einer Veröffentlichung fragen, warum sie ein Bild ihres Kindes online verbreiten möchten. Wer soll die Bilder sehen können und wer nicht? In welchem Rahmen? Wie mag es dem Kind ergehen, wenn es später realisiert, dass sein Aufwachsen im Internet dokumentiert wurde?

2. SCHRITT: DREI- BIS SECHSJÄHRIGE

> 15–30 Minuten/Tag, nicht täglich und in Begleitung von Erwachsenen. Wenn Sie Ihr Kind beim Spielen beobachten, werden Sie merken, wann es für Ihr Kind genug ist.

Aus Vorschulkindern sprudeln die Fragen nur so. Sie wollen das, was ihre älteren Geschwister oder Eltern tun, ebenfalls erkunden. Dazu gehören auch die Bildschirmmedien. Weil viele Webseiten Lesen und Schreiben erfordern, beschränken sich die Möglichkeiten jedoch noch stark.[24] Einzelne Fragen des Kindes wie »Hat ein Tausendfüßler wirklich tausend Füße?« oder »Wie faltet man den besten Papierflieger?« können gemeinsam im Internet erforscht werden. Da die außerfamiliären Einflüsse noch überschaubar sind, sind die Jahre vor der Einschulung ideal, um festzulegen

---

24   Empfehlenswerte Internetseiten mit altersgemäßen Inhalten: www.wdrmaus.de › »Die Seite mit dem Elefanten«; www.blinde-kuh.de; www.fragfinn.de [13.7.16].

und vorzuleben, wie viel Platz die digitalen Medien im Leben einnehmen sollen. Eltern, die selbst jede freie Minute vor dem Bildschirm verbringen und andere Beschäftigungen vernachlässigen, werden ihr Kind kaum zu einer sinnvollen und limitierten Bildschirmmediennutzung motivieren können. Wichtig ist, bereits jetzt bildschirmfreie Zeiten zu definieren, an die sich insbesondere die Eltern halten (am Esstisch, beim Spiel, im Gespräch, bei konzentrierter Arbeit, bei der Erholung usw.).

3. SCHRITT: SECHS- BIS ZEHNJÄHRIGE

30–50 Minuten/Tag. Lohnenswert kann die wöchentliche Abgabe von Bildschirmzeit-Bons sein, die das Kind in Absprache mit den Eltern einlösen kann. So lernt das Kind, Mitverantwortung zu tragen, Bildschirmzeit einzuteilen und zu planen.

Weil das Kind jetzt schreiben und lesen lernt, wird die Nutzung des Internets interessanter. Im Kindergarten und den ersten Primarschuljahren sind Kinder noch sehr vertrauensselig und stellen das, was ihnen im Internet begegnet, selten infrage. Ohne elterliche Begleitung würden Kinder bereits jetzt damit beginnen, Webinhalte anzuklicken, von denen sie ahnen, dass sie für sie noch nicht geeignet sein könnten.

Sophie, neun, und ihr jüngerer Bruder Niklas lieben Astrid-Lindgren-Geschichten über alles. Besonders gern hören sie sich die Hörspiele von Pippi Langstrumpf an. In einem unbeobachteten Moment schnappen sie sich das Tablet ihrer Eltern und suchen nach dem Kinderfilm. Dabei stoßen sie unter »Diese Filme könnten Sie auch interessieren« unbeabsichtigt auf den Film »Pippi Longstockings Sex Tape«. Die Pippi-Darstellerin einer amerikanischen Neuverfilmung hatte sich als Erwachsene einem anderen Filmgenre gewidmet ...

Aron, zehn, sucht auf einem Videoportal nach lusti-
ger Unterhaltung und tippt ins Suchfeld »Clown«
ein. Unter den vorgeschlagenen Kurzfilmen erscheint auch ein Clip über einen Clown, der einem
psychopathischen Ronald McDonald und dem Bat-
man-Widersacher Joker ähnlich sieht. Vor den Augen
nicht eingeweihter Passanten beginnt der durchge-
knallte Clown zu morden. Die Kettensäge dröhnt,
das Blut spritzt, der Clown lacht irre. Natürlich ist
das alles nur inszeniert, aber die völlig überrasch-
ten Passanten geraten in blanke Panik ... Der Film
zieht Arons Aufmerksamkeit auf sich, er fasziniert
und verängstigt ihn zugleich. Er kann nach dem
Film kaum mehr schlafen und hat Angst, dass der
Killerclown auch in seinem Quartier oder gar unter
seinem Bett lauern könnte. Den Eltern erzählt er
nichts, denn er befürchtet, dass sie ihm den Zugang
zum Internet verbieten ...

Es liegt an den Eltern zu entscheiden, wann und wie ihr Kind mit
der digitalen Welt in Berührung kommt. Filtermaßnahmen ermöglichen einen regulierten Zugang zum Internet. Sie ersetzen jedoch
keine Begleitung, kein offenes Gespräch und können nur wirksam
sein, wenn sie laufend aktualisiert werden.
Wenn Eltern ein Thema oder einen Sachverhalt gemeinsam mit
den Kindern recherchieren, ergeben sich gute Gelegenheiten für
ein Gespräch über die positiven Eigenschaften des Internets. Ab
der zweiten oder dritten Klasse ist es empfehlenswert, dem Kind
am Computer ein eigenes Login mit geeigneter Startseite, altersgerechten Bookmarks und zeitlicher Nutzungsbeschränkung einzurichten. Eine gemeinsame Familien-E-Mail-Adresse hilft, dass
das Kind bei Interesse erste und positive Erfahrungen mit der digitalen Kommunikation sammeln kann. Damit die elterliche Aufsicht und Begleitung gewährleistet ist, wird der Computer am besten im allgemeinen Wohnbereich platziert und genutzt. Eltern,
die ihr Kind motivieren, sich manuellen, sportlichen, sozialen

oder musischen Hobbys zu widmen, setzen einen wichtigen Grundpfeiler für eine Freizeit auch ohne Bildschirm. Besucht ein Kind eigenständig Musiklektionen, Sporttrainings usw., kann es sinnvoll sein, ihm für diese selbstständigen Ausflüge ein Handy zur Verfügung zu stellen. Dazu reicht ein einfaches, gemeinsam genutztes (Familien-)Handy ohne Internetzugang, das dem Kind situativ und punktuell ausgehändigt werden kann. Jetzt ist auch der richtige Zeitpunkt, um im Haushalt einen Handyparkplatz einzurichten. An diesem Ort in der Wohnung, beispielsweise im Eingangsbereich, legen alle Familienmitglieder das Handy ab und ermöglichen sich damit Gespräche, Mahlzeiten, Hausaufgabenerledigung und Schlaf ohne Störung. Falls dem Kind eine Spielkonsole zur Verfügung steht, sollten unbedingt die Altersfreigaben[25] der Spiele eingehalten werden. Steht auf einem Game »ab 18« drauf, ist es für Kinder und Jugendliche im Primar- und Sekundarschulalter definitiv ungeeignet.

Ziel all dieser Maßnahmen ist es, dem Kind im Umgang mit Bildschirmmedien und Internet positive Erfahrungen zu ermöglichen.

4. SCHRITT: ZEHN- BIS ZWÖLFJÄHRIGE

60–90 Minuten/Tag. Da die Kinder bereits etwas länger Schule und mehr Freizeittermine haben, kann das Einrichten eines wöchentlichen Zeitkontos sinnvoll sein (z.B. acht bis neun Stunden Bildschirmmedienzeit pro Woche), über welches das Kind nach bestimmten Regeln selbst verfügt und Protokoll führt.

Kurz vor der Pubertät wollen Kinder oft bereits unabhängig sein, obwohl sie noch sehr auf die Eltern angewiesen sind. Der Wunsch nach einem Smartphone wird nun stärker, doch ein solches Gerät überfordert das Kind in seinem Alter noch. Weil der Freundeskreis immer wichtiger wird, gewinnen soziale Onlinenetzwerke oder Apps wie WhatsApp, Instagram, Facebook, Snapchat und Ask.fm an Bedeutung. Das Mindestalter für viele der beliebten Apps beträg dreizehn, teils sechzehn Jahre. Weil die Anbieter das Alter

25   Weiterführende Informationen über Altersfreigaben finden sich unter: www.pegi.info, www.usk.de, www.spielbar.de, www.bupp.at [13.7.16].

nicht kontrollieren, kann ein Kind diese Sicherheitsmaßnahme mit einem falschen Geburtsdatum bei der Anmeldung problemlos umgehen. Eltern sind oft überrascht, dass Chatkontakte auch ohne Smartphone möglich sind. Auch WLAN- bzw. WiFi-fähige Musikplayer[26] oder Onlinespiele[27] ermöglichen das Chatten – mit all seinen positiven und negativen Begleiterscheinungen.

> Im Sommer 2016 wird ein zwölfjähriger Junge vermisst. Nachforschungen der Polizei ergeben, dass er intensiv Minecraft spielt. Das Spiel lässt sich auf Computern, Gamekonsolen und Smartphones spielen und ist sehr populär, weil sich riesige virtuelle Fantasiewelten erschaffen lassen. Eine kostenlose Software ermöglicht zudem, sich per Headset mit Mitspielern aus aller Welt über Strategien auszutauschen und zu plaudern. Die polizeilichen Ermittlungen zeigen, dass der Junge online persönliche Angaben wie Alter und Wohnort veröffentlichte. Acht Tage später kann ein Spezialeinsatzkommando der Polizei den Jungen in einer 570 Kilometer entfernten Stadt aus der Wohnung eines fünfunddreißigjährigen Mannes befreien.

Da Tochter oder Sohn nun in rasantem Tempo Anwenderwissen entwickeln, sollten Eltern gemeinsam mit ihrem Kind ihr eigenes Internetwissen erweitern und es mit Humor tragen, wenn sich der Nachwuchs über das Unwissen und den ungeschickten Umgang mit Apps und Games amüsiert. Wenn Kinder ihren Eltern etwas erklären dürfen, fühlen sie sich wertgeschätzt. Das macht einen echten Dialog über Reiz und Gefahren, Vor- und Nachteile von Internet, Anwendungen und Geräten möglich. Eine positive Grundhaltung hilft zu einem offenen und ehrlichen Gespräch über Chancen und Risiken. Vielleicht können Eltern ihrem Kind keine technischen Finessen vermitteln, einen reflektierten Umgang mit den Neuen Medien allerdings durchaus.
Im Anschluss an einen schulischen Elternabend bietet sich eine gute Gelegenheit, mit anderen Eltern über Smartphones und

---

26   Z.B. Kik-Messenger auf iPod-Touch.
27   Z.B. Minecraft im Multiplayermodus.

Social Media zu sprechen. Die Eltern eines Klassenverbandes haben einen wesentlichen Einfluss darauf, wann und wie sich die Smartphones ausbreiten. Es kann zufällig passieren oder geplant erfolgen. Eine Elterngruppe kann es hinbekommen, dass die Social-Media-Welle im Kreis der Klasse erst in der Oberstufe anrollt und dass sie allabendlich zu einer gemeinsam festgelegten Zeit per WiFi/WLAN-off-Button abebbt.

Unter der Voraussetzung, dass die Eltern den Internetgebrauch ihres Kindes mitverfolgen und es Regeln gibt, können Filtermassnahmen kontinuierlich gelockert werden. Dadurch bekommt das Kind Schritt für Schritt die Möglichkeit, Selbstverantwortung zu übernehmen.

5. SCHRITT: ZWÖLF- BIS SECHZEHNJÄHRIGE

> 90–150 Minuten/Tag oder wöchentliches Zeitkonto von rund 15 Stunden/Woche. Wichtig ist, dass parallel ausgleichende musische, manuelle, gesellschaftliche Aktivitäten wie Sport, Musik oder Engagement in Jugendvereinen gepflegt werden.

Jugendliche streben nach Unabhängigkeit und suchen nach Anerkennung in der Peergruppe. Sie wollen nicht mehr alles mit den Eltern teilen, das ist völlig normal. Frühestens mit dem Eintritt in die Sekundar-/Oberstufe und in Kombination mit einem vorgängig gemeinsam ausgearbeiteten Eltern-Kind-Vertrag kann dem Wunsch nach einem Smartphone nachgekommen werden. Damit entzieht sich die Mediennutzung der Kinder der elterlichen Kontrolle weitgehend. Insbesondere in der Pubertät, wenn Jugendliche entwicklungsbedingt eher riskant und manchmal wenig reflektiert agieren, bieten die grenzenlosen multimedialen Möglichkeiten beträchtliche Gefahren. So ist es wenig überraschend, dass Probleme wie Cyberbullying und Sexting in dieser Altersphase deutlich zunehmen. Die Jugendlichen wollen und müssen ein Gespür entwickeln, wie sie sich in der virtuellen Welt bewegen, wie sie sich selbst darstellen und wem sie was anvertrauen wollen.

Grenzen werden ausgetestet und mitunter überschritten. Auf diesem schmalen Grat benötigen Jugendliche den Dialog mit erwachsenen Vertrauenspersonen.

> Eljona, fünfzehn, lernt auf Facebook Denys kennen, einen zweiundzwanzigjährigen Boxer aus Odessa. Er postet ihr Bilder seines wunderbar durchtrainierten, muskulösen Bodys. Sympathisch ist er auch, und seine Komplimente schmeicheln Eljona. Ganz anders als all die Bubis an ihrer Schule sei Denys, schwärmt Eljona ihrer besten Freundin Raja vor. Er boxe nächstes Wochenende in Mailand, schreibt Denys, postet Eljona die Adresse eines ziemlich schicken Hotels und lädt sie auf eine Shoppingtour durch die italienische Modemetropole ein. Milano ist so viel näher als Odessa – jetzt oder nie! Ihr Erspartes reicht gerade für das Zugticket. Raja ist die Sache nicht geheuer, sie macht sich Sorgen. Gerade noch rechtzeitig erzählt sie Eljonas Eltern von der geplanten Reise ...

Wer ein eigenes Profil auf einem sozialen Netzwerk eröffnen will, muss sich zu seinem Schutz auch mit den Privatsphäreeinstellungen auseinandersetzen. Diese stehen nicht immer standardmäßig auf der sichersten Stufe. Eltern sollten sich erkundigen und von den Jugendlichen erklären lassen, welche schützenden Einstellungen es gibt. Bei Facebook kann beispielsweise bestimmt werden, dass das Profil von Suchmaschinen nicht gefunden werden kann. Es lässt sich auch einstellen, wer gepostete Fotos sehen darf. Im Zusammenhang mit der Privatsphäre ist die Erkenntnis wichtig, dass das Recht der anderen, selbst darüber zu bestimmen, wer was über sie erfahren und sehen kann, nicht verletzt werden darf. Wichtig ist, von Zeit zu Zeit nachzufragen, was das Kind am Bildschirm tut:

- Kannst du mir zeigen, wie das geht?
- Wie ist die Stimmung im Chat?
- Was findest du toll, was danebent? Was macht dir Sorgen?

- Bist du Gruppenadministratorin in einem Chat, und kommst du mit der Verantwortung klar, die damit verbunden ist?

Auch wenn die Eltern nun nicht mehr alles kontrollieren können, ist die Diskussion über Regeln und Gefahren (z.B. die Veröffentlichung intimer Bilder, Onlinebeschimpfungen, Anorexieforen, gewaltver-herrlichende Games, Plattformen von Extremisten wie Neonazis oder Jihadisten) weiterhin nötig. Ergänzend zur elterlichen Beglei-tung können verschiedene Apps hilfreich sein, um eine bewusste Handynutzung zu fördern:

- »Moment« zählt die Minuten, die man am Smartphone verbringt, und merkt sich, wie oft das Gerät zur Hand genommen wurde. Es kann ein Tageslimit gesetzt oder das Gerät für eine gewisse Zeit gesperrt werden.
- »HypnoBeep« ermöglicht es, Zeiten zu definieren, während deren das Kind sein Smartphone nicht benutzen soll (während der Haus-aufgaben, Nachtruhe, Mahlzeiten). Werden die Zeiten eingehalten, erhält das Kind zehn Beeps gutgeschrieben, bei tausend Beeps wird eine kleine Belohnung empfohlen.
- »Forest« hilft mit virtuellen Bäumchen, ohne Smartphone-Ablen-kung zu arbeiten. Wird das Gerät während der festgelegten Zeiten in Ruhe gelassen, wächst das Bäumchen. Benutzt man das Gerät, verkümmern die Bäumchen.

Auch für diese Apps gilt: Sie mögen vom Markt verschwinden, oder ihre Namen können sich ändern, Angebote ähnlicher Art bleiben ver-mutlich bestehen.

Für eine effiziente, konzentrierte Hausaufgabenerledigung und ei-nen erholsamen Schlaf empfiehlt es sich, das Smartphone nicht nur auf lautlos zu stellen oder auszuschalten, sondern auch in einem an-deren Raum zu platzieren. Zum Wecken ist kein Smartphone nötig, ein Wecker reicht völlig aus: Er weckt, ohne die Aufmerksamkeit mor-gens als Erstes auf die Social-Media-News zu lenken.

EIN HANDYVERTRAG SCHAFFT VERBINDLICHKEIT

WIR KONNTEN [...] NACHWEISEN, DASS JUGENDLICHE, DIE IHR HANDY REGELMÄSSIG WÄHREND DER NACHT BENUTZEN, DEUTLICH MEHR ÜBER MÜDIGKEIT UND ERSCHÖPFUNG KLAGTEN. GENERELLE VERBOTE HALTE ICH AB EINEM GEWISSEN ALTER NICHT FÜR SINNVOLL; ABER ES BRAUCHT GRENZEN.

Martin Röösli, Epidemiologe

Auf der Wunschliste von Kindern steht früher oder später ein Smartphone. Eine Anschaffung ist frühestens mit dem Eintritt in die Sekundarstufe empfehlenswert. Einerseits ist das Kind vorher von vielen Möglichkeiten und Angeboten überfordert, andererseits sind viele der beliebten Apps erst ab dreizehn Jahren erlaubt. Für die Eltern besteht also weder Handlungsdruck noch Grund zur Eile.

Ist ein Kind alt genug für ein eigenes Smartphone, sollten sich die Eltern vor dem Kauf gemeinsam mit dem Kind Gedanken über eine sinnvolle, maßvolle und respektvolle Nutzung machen. Ein eigenes Smartphone erfordert, Verantwortung für sich und andere zu übernehmen. Um dieser Verantwortung gerecht zu werden, sind Leitplanken hilfreich. Sie können die Form eines Vertrages haben. Ziel ist nicht ein umfassendes Regelwerk, das vorsorglich auf alle möglichen Eventualitäten eingeht. Ein gemeinsam erarbeitetes und unterschriebenes Dokument über Nutzen, Risiken und Erwartungen fördert das Gespräch und schafft Verbindlichkeit. Eine mögliche Prämisse zur Vertragsausarbeitung ist, dass das Smartphone das Leben erleichtern und nicht zusätzliche Probleme schaffen soll. Diese vorgängige Auseinandersetzung mit der Nutzung eines Gerätes ist nicht nur für das Kind wichtig, sie schärft auch das Bewusstsein der Eltern für positive Verhaltensweisen und mögliche negative Folgen wie Konflikte, Ablenkung, Kontrollverlust und Verschuldung. Für das Kind kann ein Rollentausch wie dieser hilfreich sein: Versetze dich gedanklich in die Zukunft. Stell dir vor, du bist selbst Mutter oder Vater von Kindern, die du über alles liebst. Was würdest du deinem Kind raten, was erlauben, welche Bedenken hättest du? Welche Abmachungen wären dir wichtig? Worauf möchtest du dich verlassen können, damit du deinem Kind mit gutem Gewissen Gerät und Internetzugang zur Verfügung stellen würdest?

Wenn sich Eltern und Kind vor dem Gespräch einige Minuten Zeit nehmen, um separat je fünf Ideen zu sammeln, werden im anschließenden Austausch sechs bis sieben individuell auf das Kind zugeschnittene und zum Familienalltag passende Regeln entstehen. Folgende Fragen können hilfreich sein, um gute Abmachungen zu treffen. Die Antworten sind als beispielhaft zu verstehen.

WIE GELINGT MIR EIN RESPEKTVOLLER UMGANG MIT ANDEREN?

Ich nutze das Handy zum respektvollen und freundlichen Kontakt. Ich denke nach, bevor ich etwas poste, schreibe oder veröffentliche. Ich verschicke nichts, was unangenehm oder verletzend ist. Ich erstelle oder versende keine Aufnahmen ohne Einverständnis der abgebildeten Person. Auf Provokationen muss ich nicht reagieren, sondern ich kann sie auch ignorieren. Meinungsverschiedenheiten trage ich nicht per Handy aus, sondern kläre sie im direkten, konstruktiven Gespräch unter vier Augen.

WIE KANN ICH MICH, MEINE DATEN UND MEINE PRIVATSPHÄRE SCHÜTZEN?

Ich schütze mein Handy mit einem Code, den nur ich und meine Eltern kennen. Ich veröffentliche keine persönlichen Angaben (wie vollständiger Name, Adresse, Telefonnummer, Passwörter usw.).

Wenn ich ein Bild von mir versende, verliere ich die Kontrolle darüber; ich veröffentliche deshalb nur zurückhaltend Bilder und
prüfe vor dem Versand, ob sich das Bild überhaupt zur Veröffentlichung eignet. Bilder, die mir später peinlich sein könnten, die mich
angreifbar machen oder die zu freizügig sind, halte ich privat.

WIE BEHALTE ICH DIE KOSTEN IM GRIFF?

Wer bezahlt die Handyrechnung, und was passiert, wenn die vereinbarten Kosten überschritten werden? Ich teile mein Handygut-
haben selbstverantwortlich so ein, dass es für den ganzen Monat
reicht. Größere Datenvolumen wie Musikvideos beziehe ich nur via
WiFi/WLAN. Ich wähle keine kostenpflichtigen Mehrwertdienste
und bin vorsichtig bei In-App-Käufen. Ich trage Sorge zu meinem Handy und behandle es so, als sei es nur ausgeliehen. Wenn das Handy
kaputt oder verloren geht, erhalte ich nicht sofort ein neues Gerät.

WELCHE ZEITLICHEN ABLÄUFE UND GRENZEN SIND HILFREICH?

Handyfreie Zeiten: Mahlzeiten, Hausaufgaben, Unterricht, persönliche Gespräche, Familienaktivitäten, Schlaf. Von 21 Uhr bis nach
dem Morgenessen deponiere und lade ich das Handy beim Handyparkplatz der Familie; während dieser Zeit wird das WiFi/WLAN
ausgeschaltet. Damit ich morgens rechtzeitig aufwache, erhalte
ich von meinen Eltern einen Wecker. Ich bin nie länger als 60 Minuten am Stück am Handy. Die Handynutzung zählt zur wöchentlichen Bildschirmzeit von 15 Stunden. So bleibt mir nebst der Bildschirmzeit genügend Zeit für manuelle, musische, sportliche oder
soziale Tätigkeiten. Welche dieser Tätigkeiten will ich pflegen?

WAS KANN ICH TUN, WENN MIR MAL LANGWEILIG SEIN SOLLTE?

Notiere auf der Rückseite des Vertrags Tätigkeiten, die du alleine,
mit Kolleginnen und Kollegen oder der Familie umsetzen kannst.
Die Tätigkeiten können lustig, spannend, sinnvoll, sportlich, all-
wettertauglich usw. sein. Frage auch deine Familienangehörigen
und Freunde nach inspirierenden Ideen.

WIE GELINGT UNS ALS FAMILIE DIE BALANCE ZWISCHEN VERANT-WORTUNG, VERTRAUEN, FREIRAUM UND KONTROLLE?

Meine Eltern ermöglichen mir Zugang zum Internet, dafür gehe ich nur auf altersgerechte Seiten, erledige meine Hausaufgaben gut und sorge für genügend Bewegung. Ich speichere auf dem Gerät nichts, hinter dem ich nicht stehen kann. Meine Eltern versprechen mir, mein Handy nicht grundlos oder aus Neugier zu durchstöbern. Da sie bis zu meinem achtzehnten Geburtstag Mitverantwortung für mich tragen, dürfen sie in Ausnahmefällen auf mein Handy zugreifen. Wenn ich wiederholt oder grob gegen die gemeinsam vereinbarten Regeln verstoße, kann mir das Gerät vorübergehend entzogen werden. In einem solchen Fall werden wir am übernächsten Tag zusammen darüber beraten, unter welchen Bedingungen ich das Handy wieder erhalte.

WIE GEHE ICH MIT DEM HANDY IN DER SCHULE UND BEI DER HAUSAUFGABENERLEDIGUNG UM?

Ich halte mich an die Handyregeln der Schule (Handy während des Unterrichts ausschalten, im abschließbaren Spind deponieren usw.). Wenn mir eine Lehrperson das Handy wegnimmt, werden meine Eltern keine Eile haben, das Gerät sofort abzuholen. Sie holen es dann, wenn es ihr Zeitplan erlaubt. Ich erledige die Hausaufgaben ohne Handy, denn es stört meine Konzentration. Wenn ich Aufgaben nicht begreife, darf ich nach mehreren eigenen Versuchen und Nachfragen bei Familienangehörigen ein Klassenmitglied kontaktieren. Ich missbrauche das Gerät nicht dazu, Hausaufgaben abzuschreiben, sondern löse sie in Eigenleistung.[28]

WER KANN MIR BEI UNSICHERHEITEN UND SCHWIERIGKEITEN HELFEN?

Wenn mich im Zusammenhang mit dem Handy etwas verunsichert oder bedrückt (Beleidigungen, unangenehme Mitteilungen, unbekannte Apps/Angebote, Kostenexplosion usw.), wende ich mich an meine Eltern. Sie sind immer für mich da, auch wenn mal etwas schieflaufen oder mir ein Fehler passieren sollte.

---

28   Beliebt ist, dass eine Person die erledigte Hausaufgabe fotografiert und per Smartphone den anderen zum Abschreiben zur Verfügung stellt. Das ist selbstverständlich bequem und praktisch, hat aber einen geringen Lerneffekt.

GIBT ES ETWAS, WAS ICH MIR VON MEINEN ELTERN WÜNSCHE?
Meine Eltern sind ebenso gefordert, einen kompetenten Umgang
mit ihrem Handy zu pflegen. Ich wünsche mir, dass meine Eltern
bei sich selbst auf folgende drei festgelegten Punkte achten. Meine Eltern interessieren sich für das, was ich mit dem Handy mache.
Sie informieren sich über Chancen und Gefahren, die das Gerät
und Apps mit sich bringen können. Bei Schwierigkeiten reagieren
sie nicht einzig belehrend und strafend, sondern unterstützen
mich auf der Suche nach Lösungen, damit ich künftig nicht erneut
in gleiche Schwierigkeiten gerate.

Ein Handyvertrag[29] garantiert nicht, dass sich jegliche Probleme vor-
wegnehmen lassen. Doch er zeigt dem Kind, innerhalb welcher Grenzen es sich bewegen kann. Er bietet eine solide Diskussionsgrundlage, fördert Selbstverantwortung, klärt Erwartungen, stärkt Vertrauen
und schafft Verbindlichkeit. Wichtig ist, dass der Handyvertrag bei
Schwierigkeiten sofort und bei gutem Verlauf halbjährlich gemeinsam besprochen, aktualisiert, ergänzt oder gelockert wird. Konkre-
tes Lob stärkt das Kind auf seinem herausfordernden Weg durch die
bereichernde, spannende und manchmal riskante Welt der neuen,
digitalen Medien.

---

29   Vorlagen und Tools unter www.mediennutzungsvertrag.de, www.surfen-ohne-risiko.net › Netz-Regeln [13.7.16].

IM KLASSENCHAT

NIEMAND WIRD BESTREITEN, DASS DIGITALE MEDIEN RISIKEN DARSTELLEN KÖNNEN, ABER DER BESTE SCHUTZ VOR DEN GEFAHREN IST DIE BEFÄHIGUNG ZUM UMGANG MIT IHNEN.

Monika Luginbühl, Sozialarbeiterin und Erwachsenenbildnerin

Nirgendwo außerhalb des Elternhauses verbringen Kinder und Jugendliche mehr Zeit als in der Schule. Sie erfüllt eine wichtige Integrationsfunktion und ist eine zentrale Sozialisationsinstanz. Die Werte, die in der Schule vermittelt werden, sind wichtig, weil sie beeinflussen, wie die Schulerinnen und Schüler im Laufe ihres Lebens die Gesellschaft mitprägen werden. Neben einer qualitativ hochstehenden und abwechslungsreichen Wissensvermittlung ist die Förderung eines positiven Schulklimas eines ihrer wesentlichen Qualitätskriterien. Eine gedeihliche, von wertschätzenden Beziehungen geprägte Atmosphäre beeinflusst die Leistungen und die Entwicklung der Lernenden positiv. Die Schule ist ein zentraler Ort der Gewaltprävention, denn schulische Programme erreichen ausnahmslos alle Kinder und Jugendlichen und können daher als Schutzfaktoren gegen schwer beeinflussbare außerschulische Risikofaktoren wirken. Von der Schule aus können Präventionsaktivitäten in Familie, Freizeit und Nachbarschaft angestoßen und unterstützt werden.

Lehrpersonen sind neben den Eltern diejenigen Erwachsenen, die am meisten im regelmäßigen Kontakt mit Kindern und Jugendlichen stehen. Eine funktionierende und produktive Zusammenarbeit zwischen Lehrpersonen und Erziehungsberechtigten ist demnach im Interesse beider.

Die allermeisten Lehrpersonen messen den neuen Medien, deren Chancen und Gefahren eine hohe Bedeutung bei. Sie übernehmen neue technische Möglichkeiten nicht kritiklos, sondern haben ein intuitives Verständnis dafür, welche dieser Neuentwicklungen dem Unterricht tatsächlich dienen. Je nach Affinität und Interesse der Lehrperson bestehen aber große Unterschiede bezüglich der Integration der Medien in ihre Arbeit. So gibt es beispielsweise einerseits Lehrpersonen, die sich durch den anwendungstechnischen Wissensvorsprung der Lernenden verunsichern lassen, andere hingegen richten bei WhatsApp (WA) einen Klassenchat ein. Befürwortende solcher Chats bringen Argumente wie folgende vor:

– Im Vergleich zum klassischen Kettentelefon bietet WA den Vorteil, dass alle schnell, gleichzeitig und mit geringem Aufwand erreicht werden.
– WA ermöglicht der Lehrperson, Antworten auf Fragen von einzelnen Lernenden der ganzen Klasse zugänglich zu machen.
– Informationen, Auskünfte und Aufträge können erteilt werden, ohne dass auf die nächste Lektion gewartet werden muss.
– Wenn mit Eltern und Lernenden hauptsächlich per WA kommuniziert wird, kann die Lehrperson diesen Kanal auch bewusst ausschalten, beispielsweise während sie privat beschäftigt ist.

Diese Argumente sind kritisch zu betrachten. Breit abgestützt und kombiniert mit transparenten, klaren Regeln, kann ein solcher Klassenchat im Optimalfall als positives Beispiel dafür dienen, wie digitale Kommunikation zielgerichtet, reflektiert und respektvoll genutzt werden kann. Jedoch empfiehlt es sich, im Voraus Fragen wie diese zu klären:

– Was sind Ziele, Zweck und Funktion eines solchen Chats? Welche Themen und Fragen haben darin Platz, welche nicht? Ist der Gruppenchat Mittel zur einseitigen Information oder zur allseitigen Kommunikation?

- Welche Haltung haben die Eltern gegenüber dieser Kommunikationsart? Sind sie einverstanden? Welche Rahmenbedingungen sind ihnen wichtig? Ist es sinnvoll, wenn auch die Eltern diesem Chat angehören?
- Welches Signal wird an Jugendliche gesendet, die kein Smartphone besitzen, sich keines leisten können oder keines möchten? Wie gewährleistet die Lehrperson, dass diese Jugendlichen ebenfalls Zugang zu den relevanten Informationen haben?
- Welche Regeln werden getroffen, und welche Abmachungen sind wichtig, damit eine respektvolle Kommunikation stattfinden kann? Beispiele: Keine Beleidigungen und Gerüchte verbreiten, keine Abkürzungen verwenden (damit alle verstehen, worum es geht).
- Wer trägt die Verantwortung bei Problemen und Missbrauch? Findet regelmäßig ein Klassenrat statt, in dessen Rahmen auch Schwierigkeiten im Zusammenhang mit dem Klassenchat aufgegriffen werden können?
- Wann ist der Chat aktiv, wann ruht er (Ruhe-, Lern- und Schlafzeiten für Schülerinnen und Schüler, Abgrenzung und Work-Life-Balance für Lehrpersonen)?
- Wie steht die Schulleitung zu einem solchen Chat? Bestehen schulintern Regeln?
- Vereinfacht ein Klassenchat die Kommunikation, oder wird sie insgesamt komplizierter? Überwiegen Vor- oder Nachteile?
- Wie lange dauert die Testphase, wann erfolgt die Auswertung?

Entscheiden sich Lehrpersonen im Bewusstsein von Zweck, Nutzen und Risiken für einen Klassenchat, empfiehlt es sich, das eigene Profil so zu gestalten, dass es den Anforderungen eines professionellen Kontaktes entspricht. Wenn sich eine Lehrperson auf ihrem Profilfoto in knapper Badebekleidung, in der Strandbar tanzend, breit grinsend und Piña Colada nippend zeigt, zeugt das zwar von einem schönen Ferienerlebnis. Für den professionellen Kontakt ist ein solches Bild aber wenig geeignet, insbesondere nicht in möglicherweise auch schwierigen oder angespannten beruflichen Situationen.

Generell entsteht in sozialen Netzwerken schnell die Gefahr, dass Lernende, Lehrende und Erziehende voneinander Dinge wissen, die mit einem pädagogischen Verhältnis und einer professionellen Rolle nichts mehr zu tun haben.

RESPEKT

REICHEN KLICKS UND LIKES FÜR
EIN SOZIALES MITEINANDER?

Slogan aus der Kampagne »Du bist ein Gewinn«[30]

In der Diskussion um ein friedliches Zusammenleben in Schule und Freizeit, on- und offline, geht es jeweils bald einmal um den »respektvollen« Umgang miteinander. Es lohnt sich, genau hinzuschauen, was damit eigentlich gemeint ist. Respekt ist als Begriff arg strapaziert und hat in der Alltagssprache verschiedene, teils widersprüchliche Bedeutungen. Großeltern verwenden ihn im Sinne von Gehorsam gegenüber Höhergestellten und Respektspersonen. Beispielsweise, wenn sich Schüler aus Angst vor Körperstrafen nicht getrauten, ihre Lehrperson auf einen Schreibfehler an der Wandtafel aufmerksam zu machen. Solche Schüler-Lehrer-Beziehungen waren von Angst, aber auch von Machtgefälle und Unterwürfigkeit geprägt. Ähnliche Begriffsdeutungen schwingen mit, wenn ...

- vom Respekt vor Nachbars Hund erzählt wird, der bedrohlich knurrt, sobald auch nur ein Fuß auf »sein« Grundstück gesetzt wird,
- der Profi-Bergsteiger beschreibt, was ihn vor falschen Entscheidungen und Draufgängertum bewahrt: »Während der Vorbereitung ist eine gewisse Angst wichtig. Ohne Angst verliert man den

---

30   www.du-bist-ein-gewinn.de (Deutsche Fernsehlotterie) [13.7.16].

Respekt. Wenn ich am Berg Angst habe, habe ich mich überschätzt oder bin schlecht vorbereitet.«

— Jugendliche an Gangsterrapper denken, die – mit imposanter Knarre bewaffnet und klotziger Goldkette behängt, umgeben von Luxusschlitten und devoten Frauen – drohend und prahlend Respekt einfordern. Was sie damit meinen, kann mit »Legt euch nicht mit mir an, seht zu mir hoch, ich bin stark, reich und mächtig!« gedeutet werden. Jahrzehnte bevor solche Gangsterattitüden popkulturelle Relevanz erlangten, stellte der Literatur- und Nobelpreisträger Albert Camus fest, dass nichts kläglicher sei als Respekt, der auf Angst basiere.

Ursprünglich geht der Begriff auf das lateinische *respicere* zurück, was so viel wie berücksichtigen, (sich selbst) überdenken, nochmals oder genauer hinschauen bedeutet. Respekt hat also im eigentlichen Sinn des Worts nichts mit Angst und Einschüchterung zu tun.

Die interdisziplinäre Hamburger Respect-Research-Group[31] schlägt eine Unterscheidung von vertikalem und horizontalem Respekt vor. Vertikaler Respekt (Leistungsrespekt) entsteht, wenn eine Person in einem für eine andere Person relevanten Aspekt etwas deutlich besser kann. Wird diese Differenz positiv wahrgenommen und bewertet, kann eine freiwillige Unterordnung entstehen. Beispielsweise werden strenge Trainingssequenzen bei der Sportlehrerin, die erfolgreich in der obersten Volleyballliga spielt und mit großem spieltaktischem Erfahrungswissen beeindruckt, von den Schülerinnen motiviert absolviert. Vertikalen Respekt zollen die Jugendlichen auch ihrer Mitschülerin, die bei jedem Computerproblem eine Lösung findet und damit schon vielen Kollegen eine hohe Supportrechnung ersparen konnte. Typisch am vertikalen Respekt ist, dass er durch besondere Leistungen, spezielles Wissen, herausragende Fähigkeiten usw. verdient werden muss und auch wieder verloren werden kann. Die Sportlehrerin kann den vertikalen Respekt beispielsweise verlieren, wenn sie alters- oder verletzungsbedingt nicht mehr mit bewundernswerten Leistungen brillieren kann. Und falls sich andere Schülerinnen und Schüler nach und nach ebenfalls Computerspezialwissen aneignen, wird auch der vertikale Respekt gegenüber der IT-Klassenbesten nachlassen.

31   http://www.respectresearchgroup.org [13.7.16].

Für die Förderung von Sozialkompetenz und ein gutes Zusammenleben ist der horizontale Respekt (anerkennender Respekt) von zentraler Bedeutung. Horizontaler Respekt muss und kann nicht durch ein Herausragen oder Übertreffen verdient werden, sondern beruht auf der bedingungslosen inneren Haltung, dass jedes Gegenüber grundsätzlich gleichwertig ist und das Recht hat, würdevoll behandelt zu werden. Dieses starke Bedürfnis nach Anerkennung und Wertschätzung haben Menschen in jedem Alter und in jedem Lebensbereich. Wer sich respektiert fühlt, ist meist zufriedener, kooperativer und engagierter. Horizontaler Respekt entsteht durch einen Kontakt auf Augenhöhe, welcher dem Gegenüber das Gefühl gibt, wahr- und ernst genommen zu werden. Durch aufmerksames Zuhören, Nachfragen sowie durch

WER SICH RESPEKTIERT FÜHLT, IST MEIST ZUFRIEDENER, KOOPERATIVER UND ENGAGIERTER.

das Zusammenfassen des Gehörten in eigenen Worten wird dem Gegenüber Interesse an seinem Standpunkt, seinem Anliegen oder seinen Gefühlen signalisiert.

Wenn sich Jugendliche im Rahmen einer vertieften Auseinandersetzung Gedanken darüber machen, wie sich ihr ganz persönlicher Beitrag für ein respektvolles Zusammenleben gestalten kann, orientieren sie sich oft bewusst oder unbewusst an Immanuel Kants kategorischem Imperativ (»Handle nur nach derjenigen Maxime, durch die du zugleich wollen kannst, dass sie ein allgemeines Gesetz werde«) oder der in vielen Religionen verankerten Goldenen Regel (»Behandle andere so, wie du von ihnen behandelt werden willst«). Daraus formulieren Schülerinnen und Schüler starke Statements wie folgende:

➤➤ ICH NEHME DICH SO AN, WIE DU BIST.

➤➤ ICH ANERKENNE DICH ALS GLEICHWERTIG.

➤➤ ICH MACHE MICH NICHT AUF DEINE KOSTEN LUSTIG.
ICH LACHE MIT DIR, ANSTATT ÜBER DICH.

» ICH LÖSE KONFLIKTE MIT WORTEN STATT MIT FÄUSTEN.

» ICH HELFE DIR, WENN DU
UNTERSTÜTZUNG BRAUCHST.

» ICH LÖSE KONFLIKTE NICHT IM ONLINECHAT,
SONDERN IM DIREKTEN, UNGESTÖRTEN GESPRÄCH.

» ICH BEHANDLE DEIN EIGENTUM SORGSAM, BENUTZE
DEIN MATERIAL NICHT OHNE DEINE ERLAUBNIS.

» ICH HÖRE DIR AUFMERKSAM ZU
UND LASSE DICH AUSREDEN.

» ICH ÜBERNEHME VERANTWORTUNG FÜR DAS,
WAS ICH SAGE UND TUE.

» ICH BESPRECHE UNKLARHEITEN UNTER VIER AUGEN,
ANSTATT HINTER DEINEM RÜCKEN ÜBER DICH ZU LÄSTERN.

» ICH BIN MIR BEWUSST, DASS MEINE MEINUNG EINE
UNTER VERSCHIEDENEN MÖGLICHEN IST.

» ICH BIN NICHT PERFEKT, DU BIST NICHT PERFEKT.
WIR BEIDE GEBEN UNS UND VERDIENEN RESPEKT.

» ICH BIN FAIR UND EHRLICH, AUCH ONLINE.

Respekt muss sich im Wandel der Zeit immer wieder neu gegen Kräfte behaupten, so auch im Zusammenhang mit dem Internet, der digitalen Kommunikation und den neuen Medien. Hinter dem Bildschirm versteckt, fühlen sich viele Nutzerinnen und Nutzer im Netz unbeobachtet und wagen viel mehr als im direkten Kontakt von Angesicht zu Angesicht. Wenn schützende Hemmungen verschwinden, steigt die Gefahr, dass ethische Regeln durch Intoleranz, Häme und Spott ausgehebelt werden. In den Kommentarspalten von Onlinezeitungen, in

Blogs, Onlinechats und Diskussionsforen zeigt sich, dass oft nur ein Klick zwischen dem Affekt und der aggressiven, rassistischen oder sexistischen verbalen Attacke liegt. Das Internet reflektiert auch die bösen und niederträchtigen Interessen des Menschen, es wirkt wie ein Verstärker von Hysterie und Hass. Dies verunmöglicht oft konstruktive Diskussionen und vergiftet wichtige gesellschaftliche Debatten.

Der sozialkompetente Umgang mit digitalen Medien ist kein Jugendproblem, sondern eine Herausforderung für die gesamte Gesellschaft. Dass Jugendliche dazu einen wertvollen Beitrag leisten können, zeigt Trisha Prabhu, eine innovative Schülerin aus den Vereinigten Staaten. Zur Minimierung von übereilten und unüberlegten Kommentaren hat sie für das Smartphone den ReThink-Button erfunden. Wer die App[32] auf seinem Smartphone installiert, wird nach dem Drücken des Senden-Knopfes aufgefordert, den Beitrag nochmals zu überdenken und bewusst über die Veröffentlichung zu entscheiden: Rethink! Are these words really you?

---

32   Verfügbar über: www.rethinkwords.com [13.7.16].

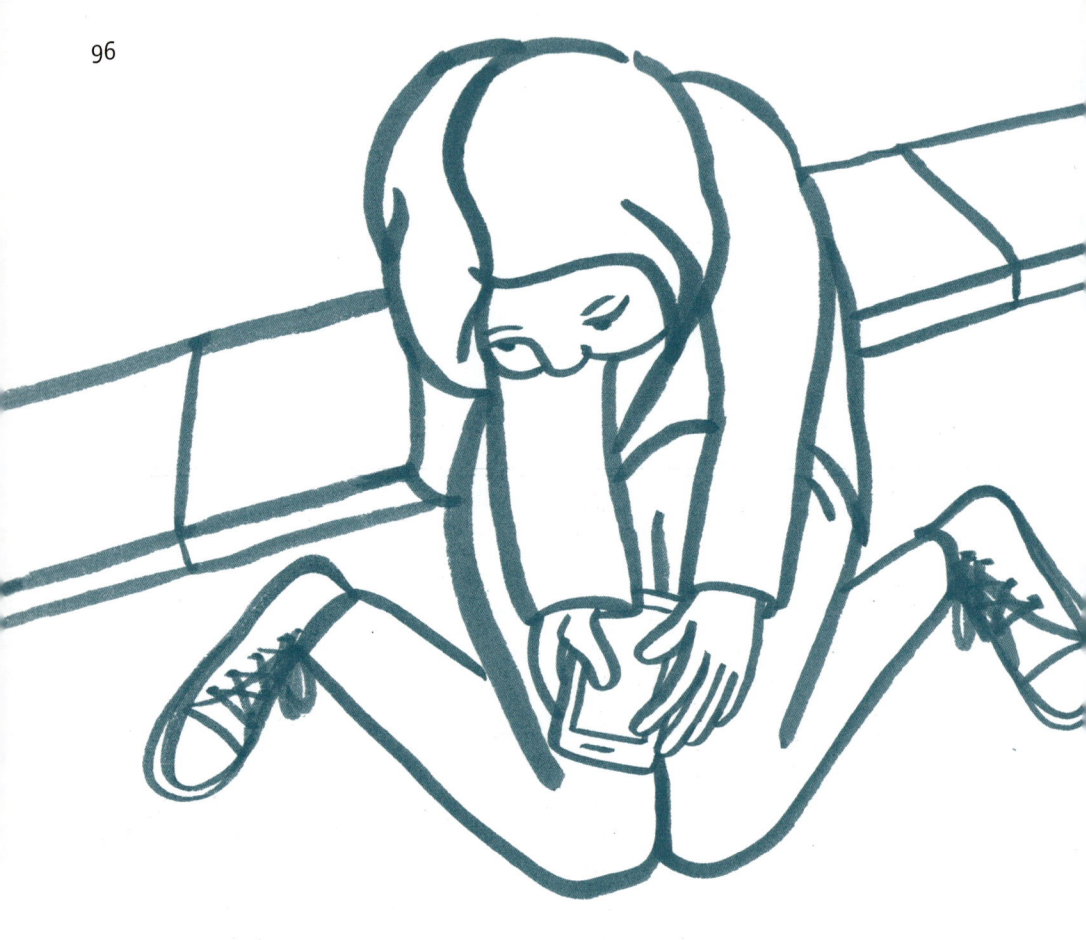

SCHULSOZIALARBEIT

EMPATHIE GIBT'S NICHT IM APP STORE.

Graffiti in Hamburg

Eric Pickersgill und Antoine Geiger sind nicht Schulsozialarbeiter, doch als innovative Fotografen setzen sie sich visuell mit gesellschaftlichen Veränderungen auseinander. In ihren Fotoserien »Removed«[33] und »Sur-Fake«[34] zeigen sie eindrücklich, wie die Digital Devices (Smartphone, Tablet usw.) unser Verhalten verändern und unser Zusammenleben beeinflussen. Während Pickersgill die Geräte verschwinden lässt und so eine bedrückende Atmosphäre schafft, visualisiert Geiger den intensiven Sog, den die mobilen Bildschirmmedien entwickeln.

Die neuen Medien beschäftigen nebst der Fotografie auch eine Vielzahl anderer Professionen, so auch die Pädagogik. Chats, Apps und Social Media können das Schul- und Unterrichtsklima belasten und Lehrpersonen vor Herausforderungen stellen, die zu Aussagen wie folgenden führen:

>> ES KANN DOCH NICHT SEIN, DASS JEDEN MORGEN ZUERST DER NEUSTE INTERNETKNATSCH EINZELNER GEKLÄRT WERDEN MUSS, BEVOR MIT DEM REGULÄREN UNTERRICHT BEGONNEN WERDEN KANN.

33   www.removed.social [13.7.16].
34   www.antoinegeiger.com (»Sur-Fake«) [13.7.16].

» DIE TATSACHE, DASS DIE MEISTEN DER KLASSE MIT EINEM
SMARTPHONE AUSGESTATTET UND SO AUCH JEDERZEIT AN-
GREIFBAR SIND, HAT VIEL UNRUHE IN DIE KLASSE GEBRACHT.

» SCHÜLERINNEN MEINER KLASSE HABEN MIR ERZÄHLT, DASS
VON EINER JUGENDLICHEN UNSERER SCHULE NACKTBILDER IM
UMLAUF SIND. SIE MACHEN SICH SORGEN, ICH MIR AUCH.

» SCHÜLER HABEN MIT IHREM SMARTPHONE UNERLAUBT UND
HEIMLICH AUFNAHMEN VON SCHULCHORPROBEN GEMACHT
UND SICH ÜBER SOZIALE NETZWERKE ÜBER SINGENDE LÄCHER-
LICH GEMACHT. ES GETRAUT SICH KAUM MEHR JEMAND, AUS
VOLLEM HERZEN MITZUSINGEN.

» DA ONLINEKONFLIKTE MEIST KLASSENÜBERGREIFEND ERFOL-
GEN, KANN ICH ALS KLASSENLEHRERIN DEN STREIT GAR NIE
RICHTIG KLÄREN. ER WUCHERT IMMER WEITER.

Neue Technologien schaffen neue Verhaltensweisen. Die Nutzenden brauchen Zeit, um herauszufinden, wie sie mit den neuen Möglichkeiten sinnvoll umgehen können. Im Umgang mit Smartphones befinden wir uns momentan in einer Lücke zwischen (technischer) Möglichkeit und (sozialem) Sinn. Wir sind mitten im Suchprozess. Bei dieser und vielen anderen Herausforderungen kann die Schulsozialarbeit Unterstützung, Entlastung und Hilfe anbieten.

Der Veränderung unterworfene familiäre, gesellschaftliche und wirtschaftliche Strukturen haben dazu geführt, dass sich die Schule bei der Erfüllung ihrer Hauptaufgaben – der Vermittlung von Wissen und der Entwicklung von Kompetenzen und Haltungen – mit mannigfaltigen sozialen Herausforderungen konfrontiert sieht. Lehrerinnen und Lehrer nehmen besorgniserregende Tendenzen oft sehr früh wahr, sind aber aus zeitlichen und fachlichen Gründen oft nur eingeschränkt in der Lage, diese zusätzlich zur Erledigung ihrer Kernaufgaben vertieft zu bearbeiten.

Schulsozialarbeitende arbeiten auf einer verbindlich vereinbarten und gleichberechtigten Basis mit Lehrpersonen zusammen, um Kinder und Jugendliche in ihrer individuellen, sozialen und schulischen Entfaltung zu begleiten. Sie tragen zu einer schülerfreundlichen

Umwelt bei, helfen, Benachteiligungen abzubauen, und beraten Erziehungsberechtigte, Lehrpersonen und Schulleitungen in herausfordernden Situationen. In vielschichtigen und sozialen Problemsituationen, die das Erfüllen des pädagogischen Kernauftrags der Lehrerschaft behindern, trägt die Schulsozialarbeit zur ganzheitlichen Bearbeitung und Entlastung bei. Sie setzt sich zum Ziel, Kinder und Jugendliche bei einer für sie befriedigenden Lebensbewältigung zu unterstützen und ihre Kompetenzen zur Selbstwirksamkeit zu fördern.

Das Angebot der Schulsozialarbeit steht allen Klientinnen und Klienten niederschwellig, vertraulich, freiwillig und unentgeltlich zur Verfügung.[35]

Durch ihr niederschwelliges Angebot kann die Schulsozialarbeit Lernende klassenübergreifend erreichen. Sie kann durch ihre Schulbezogenheit bestehende Strukturen nutzen und Angebotskontinuität bieten. Durch die langfristige, regelmäßige und berechenbare Präsenz an der Schule kann sie Nachhaltigkeit gewährleisten; sie steht den Jugendlichen nebst der Präventionsarbeit auch im Krisenfall unkompliziert und verlässlich zur Verfügung.

Die folgenden Grundsätze[36] haben sich in der Praxis der Schulsozialarbeit bewährt und sind geeignet, dem Dienst einen Rahmen zu geben, in dem er seine positive Wirkung entfalten kann.

PRÄVENTION

Die Schulsozialarbeit unterstützt Kinder und Jugendliche in der sozialen und individuellen Entwicklung und versucht, Problemlagen durch Früherkennung vorzubeugen. Schulsozialarbeit unterscheidet zwischen primärer und sekundärer Prävention. Primäre Prävention bedeutet beispielsweise, mit ganzen Klassen Generalthemen zu behandeln, und verfolgt das Ziel, spezifischen Problemlagen vorzubeugen. Aus der Arbeit in der Primärprävention entstehen oft auch Einzeltermine mit Kindern und Jugendlichen, die in dieser oder anderer Thematik persönlicher Beratung bedürfen. Sekundäre Prävention leistet die Schulsozialarbeit dann, wenn bereits Symptome vorhanden sind und die Herausbildung manifester Störungen verhindert werden soll. Je nach Situation werden die Themen und Probleme im Einzel- oder Kleingruppensetting, im Klassen- oder klassenübergreifenden Rahmen bearbeitet.

---

35   Vgl. Avenir Social/SSAV 2016.
36   Vgl. Drilling 2009: 105–108.

RESSOURCEN- UND LÖSUNGSORIENTIERUNG

Schulsozialarbeit arbeitet grundsätzlich ressourcenorientiert und verschafft damit Individuen, Gruppen und Eltern Zugang zu Stärken und Fähigkeiten. Sie unterstützt Schülerinnen und Schüler, Herausforderungen aktiv anzugehen, anstatt in passiver Haltung zu verharren. Schulsozialarbeit geht bestehende Probleme unter Einbezug der Stärken der Beteiligten an und verfolgt das Ziel, das Selbstwertgefühl und die Eigenverantwortung der Heranwachsenden zu stärken.

BEZIEHUNGSARBEIT

Die Zielgruppen der Schulsozialarbeit sind Schülerinnen, Schüler, Lehrpersonen und Eltern. Die Schulsozialarbeit unterstützt diese beim Aufbau einer konstruktiven, offenen und wertschätzenden Beziehungskultur. Beziehungsarbeit bedingt Kontinuität und ist die Basis bei der Initiierung von Lösungsprozessen. Schulsozialarbeitende benoten, selektionieren und sanktionieren nicht. Dies ermöglicht einen unbelasteten Zugang zu den Schülerinnen und Schülern.

PROZESSORIENTIERUNG

Schulsozialarbeit ist prozessorientiert, sie beteiligt Schülerinnen und Schüler an Entscheidungsprozessen. Ziele werden definiert, gemeinsam Erarbeitetes und Abmachungen werden regelmäßig reflektiert, überprüft und nötigenfalls angepasst.

METHODENKOMPETENZ

Schulsozialarbeit betätigt sich in der Einzelfallhilfe (z.B. professionelle Beratung, Hilfe zur Selbsthilfe), der sozialen Gruppenarbeit (z.B. Konfliktlösung und Mediation, Klassenworkshops und Kriseninterventionnen), der Projekt- und Gemeinwesenarbeit. Sie vernetzt, interagiert unbürokratisch mit externen Fachstellen und pflegt eine interdisziplinäre Zusammenarbeit.

SYSTEMORIENTIERUNG

Denken und Handeln in der Schulsozialarbeit bezieht sich nicht ausschließlich auf das Individuum, sondern ist systemorientiert. Schulsozialarbeit ist zwar in der Schule angesiedelt, ihre Lösungsansätze reichen aber weit über den schulischen Rahmen hinaus. Sie setzt sich aktiv mit Systemen wie Schule und Familie auseinander und bindet sie konstruktiv in ihre Arbeit ein.

Ein mögliches Angebot der Schulsozialarbeit ist, Lehrpersonen und Jugendliche im kompetenten Umgang mit neuen Medien zu unterstützen. Je nach Auftrag und Ressourcen kann die Schulsozialarbeiterin oder der Schulsozialarbeiter einen präventiven Klassenworkshop durchführen (beispielsweise in der Art wie der für dieses Buch erarbeitete). Treten Konflikte auf, eignet sich die Rolle und Funktion der Schulsozialarbeit hervorragend für konstruktive, lösungsorientierte Hilfsangebote (z.B. Support-Group-Approach nach Young[37] oder No-Blame-Approach nach Maines und Robinson[38]).

Komplementär zur Schulsozialarbeit bieten in Bezug auf die neuen Medien verschiedene schulexterne Fachstellen und Dienste wertvolle Unterstützung an. So beispielsweise Erziehungs- und Jugendberatungsstellen, Fachstellen für Prävention und Gesundheitsförderung, Stiftungen[39], Jugendbeauftragte der Polizeidienste, die Kriminalprävention[40] und Klicksafe[41], eine EU-Initiative für Sicherheit im Netz.

---

37   Vgl. De Jong/Berg 2014: 461ff. und Young 2015: 109ff.
38   Vgl. Maines/Robinson 2003.
39   Z.B. www.projuventute.ch [13.7.16].
40   Schweiz: www.skppsc.ch [13.7.16].
41   www.klicksafe.de [13.7.16].

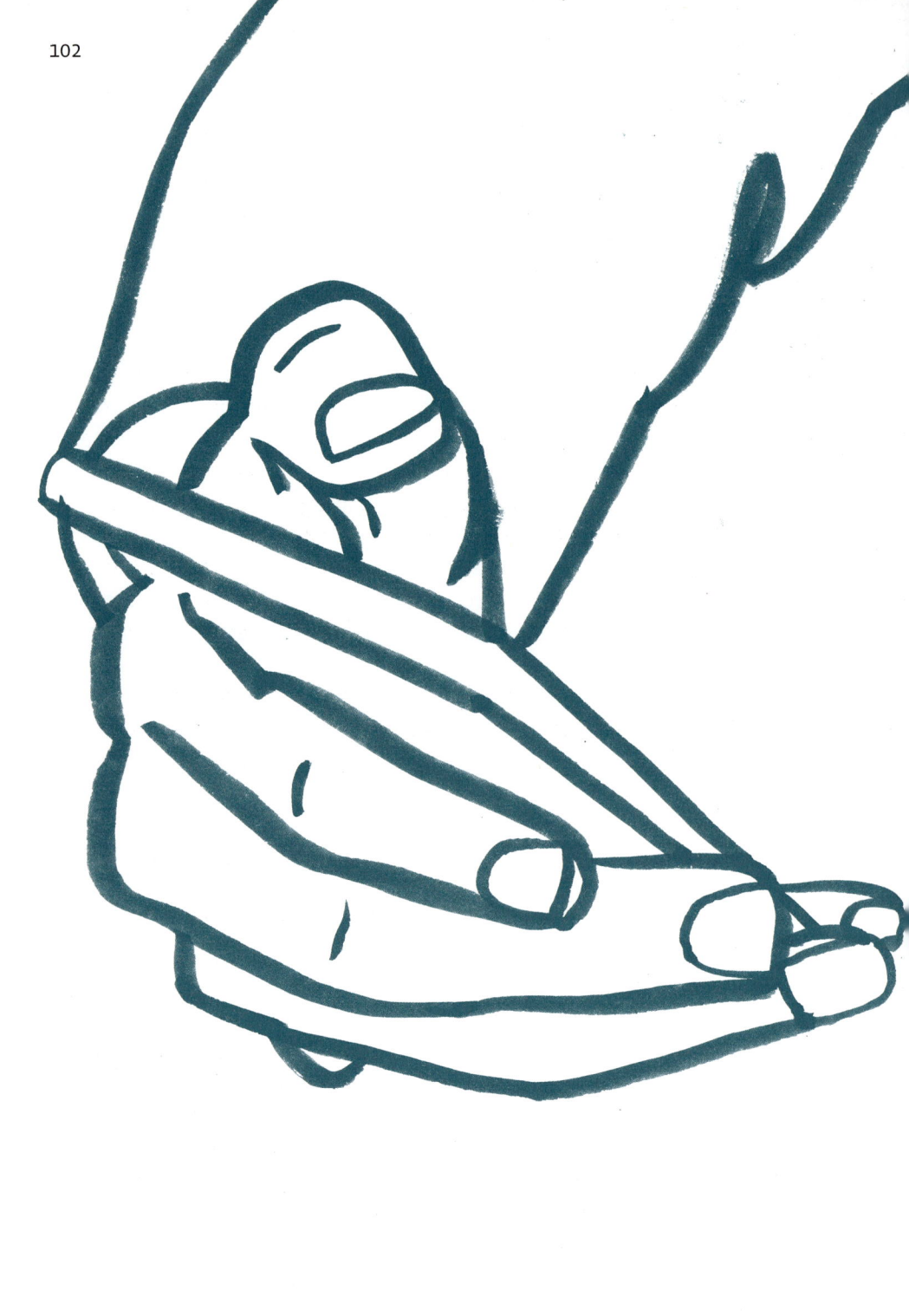

DIE AUSRICHTUNG
AUF DAS GELINGENDE

WAS ICH HEUTE BIN, IST EIN HIN-
WEIS AUF DAS, WAS ICH GELERNT
HABE, ABER NICHT AUF DAS, WAS
MEIN POTENZIAL IST.

Virginia Satir, Familientherapeutin

Die neuen Medien fordern Eltern wie Schule gleichermaßen heraus. Der Ursprung damit einhergehender Probleme kann weder einseitig der Schule noch ausschließlich der Familie zugeordnet werden. Während sich Lehrpersonen oft wünschen, dass Eltern die Mediennutzung ihrer Kinder enger begleiten und die bildschirmfreie Freizeitgestaltung intensiver fördern, können Eltern argumentieren, dass es sich bei den Onlineangriffen um die virtuelle Dimension von Konflikten handelt, die im Klassenzimmer ihren Ursprung haben. Schuldzuweisungen sind nicht zielführend, denn keine der beiden Parteien kann die Probleme im Alleingang lösen. Neue Medien durchdringen und beeinflussen zunehmend alle Lebensbereiche und verwischen traditionelle Grenzen zwischen Schule und Privatem, Öffentlichem und Persönlichem. Eltern, Jugendliche und Schule sind deshalb gefordert, Kräfte zu bündeln und konstruktiv zusammenzuarbeiten. Der systemisch-lösungsorientierte Ansatz ist hervorragend dafür geeignet, Potenziale zu maximieren um Herausforderungen – beispielsweise im Zusammenhang mit neuen Medien – zu meistern.

Das systemisch-lösungsorientierte Konzept nach Steve de Shazer (1940–2005) und Insoo Kim Berg (1934–2007) zeichnet sich darin aus, dass konsequent die Lösung und nicht das Problem fokussiert wird. Anstatt Menschen in der Problemlösung zu unterstützen, richteten de Shazer und Berg die Aufmerksamkeit auf die von der ratsuchenden Person gewünschte Zukunft und halfen ihr so, sich jenseits des Problems zu bewegen.

Das Modell hat auf der ganzen Welt das Interesse zuerst der Therapeuten, später auch der Pädagoginnen und anderer Berufsgruppen geweckt. Es wird auch in vielen nichttherapeutischen Umfeldern genutzt, denn es kann überall dort angewendet werden, wo Menschen zusammenarbeiten, miteinander kooperieren oder sich vertragen müssen.

Bis Mitte des 20. Jahrhunderts erforschten Wissenschaftlerinnen und Wissenschaftler vieler Disziplinen ihren Gegenstand, indem sie ihn in seine Einzelteile, beispielsweise Atome oder Zellen, zerlegten und so die Naturgesetze ergründeten. Der Psychologe John B. Watson (1878–1958) übernahm diese wissenschaftliche Herangehensweise für die Psychologie und prägte damit den Behaviorismus. Er interessierte sich ausschließlich für wissenschaftlich beobachtbares und empirisch überprüfbares Verhalten und für dessen Vorhersage und Kontrolle. Unter genau gleichen Bedingungen musste demnach immer wieder das genau gleiche Ergebnis resultieren. Faktoren der Kognition oder des subjektiven Erlebens wurde hingegen sehr wenig Aufmerksamkeit geschenkt.

In den 1950er-Jahren zeichnete sich in verschiedenen Wissenschaftsbereichen ein Paradigmenwechsel ab: Statt auf isolierte Objekte und kleinste Teile wurde der Fokus nun vermehrt auf das Verbindende zwischen den einzelnen Teilen und auf deren Interaktionen innerhalb von Systemen gerichtet. In dieser Zeit formulierte der Anthropologe, Biologe und Sozialwissenschaftler Gregory Bateson (1904–1980) vom Mental Research Institute in Palo Alto eine vom Konzept der Zirkularität geprägte personale Systemtheorie. Zirkularität bedeutet, dass die Verhaltensweisen der Elemente eines Systems als Regelkreis betrachtet werden, in dem – vergleichbar mit einem hängend befestigten, aus Fäden, Stäben und Figuren bestehenden Mobile – jedes Verhalten zugleich Ursache und Wirkung ist. Wenn ein Element des Mobiles bewegt wird, löst dies bei den anderen Elementen entsprechende Impulse aus, was wiederum rückbezüglich wirkt und die weitere Dynamik der zum System gehörenden Elemente beeinflusst. Zirkuläre Beziehungen und Wechselwirkungen sind das zentrale Merkmal sozialen

Zusammenlebens und repräsentieren die eigentliche Qualität von lebenden Systemen. Ein systemisches Verständnis basiert auf der Vorstellung, dass Menschen nicht isoliert, sondern in sozialen Zusammenhängen leben und wirken. Dabei beeinflussen die einzelnen Teile eines Systems einander vielseitig und verstärken dadurch ihre Wechselwirkung. Probleme in einem System resultieren demnach aus dem Zusammenspiel verschiedener Faktoren und entstehen nicht durch eine einzige Ursache. Lösungen können folglich auch nur unter Beachtung dieser verschiedenen Faktoren und unter Einbezug wichtiger Personen aus dem Umfeld entwickelt werden.

Der Psychiater und Psychotherapeut Milton H. Erickson (1901–1980) nutzte

EIN SYSTEMISCHES VERSTÄNDNIS BASIERT AUF DER VORSTELLUNG, DASS MENSCHEN NICHT ISOLIERT, SONDERN IN SOZIALEN ZUSAMMEN-HÄNGEN LEBEN UND WIRKEN.

die Therapiestunde dafür, Anregungen für Veränderungsprozesse zu geben, die sich außerhalb des Beratungssettings im Alltag des Klienten vollziehen können. Veränderung passiert demnach immer, insbesondere auch zwischen den Beratungsterminen, die eher als Zeiten des Innehaltens betrachtet werden. Erickson formulierte in seinem 1954 veröffentlichten Aufsatz »Special Techniques of Brief Hypnotherapy« die Idee einer Kurztherapie, in der darauf verzichtet wird, Probleme vertieft zu behandeln; stattdessen werden die beim Klienten oder bei der Klientin vorhandenen Ressourcen fokussiert. Diese »stille Revolte gegen fixe Vorstellungen davon, was für Menschen mit Lebensproblemen hilfreich ist«[42], fand Ende der 1960er-Jahre immer größere Beachtung und wurde am Brief Therapy Center in Palo Alto, Kalifornien, am Centro per lo Studio della Famiglia in Mailand und am Brief Family Therapy Center in Milwaukee, Wisconsin, aufgenommen und vertieft.[43] Das Milwaukee-Team um Steve de Shazer und Insoo Kim Berg nutzte Ericksons Werk als Ausgangspunkt seiner Arbeit. Dabei entwickelte es die »Solution Focused Brief Therapy« nicht deduktiv, sondern pragmatisch und ergebnisoffen aus der praktischen Arbeit mit den Klientinnen und Klienten. Es beobachtete mit akribischem Forschergeist, welche Interventionen hilfreich waren, und formulierte durch die minutiöse Analyse von Beratungen die folgenden methodischen Grundannahmen[44]:

42   Vgl. Steiner/Berg 2008: 23.
43   Vgl. Bamberger 2010: 23.
44   Vgl. Steiner 2011: 13–14.

1 Wenn etwas funktioniert, tue mehr davon, wenn es nicht funktioniert, tue etwas anderes.

2 Kleine Schritte können zu großen Veränderungen führen.

3 Die Lösung ist nicht unbedingt direkt mit dem Problem verbunden.

4 Kein Problem ist permanent in gleichem Ausmaß vorhanden; es gibt immer Ausnahmen, die genutzt werden können. Ausnahmen deuten auf Lösungen hin.

5 Die Beschreibung und die Sprache, die wir für das Problem benutzen, sind andere als die, die man benötigt, um die Lösung zu beschreiben.

6 Die Zukunft ist konstruier- und verhandelbar.

7 If it's not broken, don't fix it. Was (von Klientinnen und Klienten) als intakt wahrgenommen wird, sollen die Beratenden nicht zu reparieren versuchen.

8 Jeder Mensch hat Ressourcen, um in seinem Leben positive Veränderungen zu erwirken.

Der systemisch-lösungsorientierte Ansatz ist vom Humanismus und vom Konstruktivismus geprägt: Das humanistische Menschenbild geht unter anderem davon aus, dass jeder Mensch aktiver Gestalter seiner Existenz ist. Jeder Mensch trägt all die Ressourcen in sich, die es ihm ermöglichen, selbstverwirklichend zu handeln, sich zu wandeln und sein Leben damit mit Sinn zu erfüllen. Für die beratende Person bietet es sich an, innere Suchprozesse anzustoßen, die die Klientinnen und Klienten wieder in Kontakt mit den eigenen vorhandenen, aber brachliegenden Ressourcen bringen. Diese Erweiterung des Kompetenzbewusstseins ermöglicht es ihnen, mit einer größeren Eigenverantwortlichkeit und Eigenwirksamkeit zu handeln.[45] Die Konstruktivisten vertreten u.a. die Überzeugung, dass es keine

---

45   Vgl. Bamberger 2010: 47–48.

absolute Wahrheit gibt, sondern dass jeder Mensch durch sein Denken, Sprechen und Handeln seine eigene Wirklichkeit konstruiert und aus den Schlüssen, die er daraus zieht, lebt. Wenn es keine objektive Wirklichkeit gibt und jedes Individuum Realität über seine subjektive Wahrnehmung konstruiert, bietet es sich für die beratende Person an, gemeinsam mit dem Klienten oder der Klientin eine für ihn oder sie möglichst hilfreiche Wirklichkeit zu konstruieren.[46]

Auf diesem Fundament kann das lösungsorientierte Modell kein von absoluten Wahrheiten geprägtes Dogma sein. Die folgende Annäherung an ein systemisch-lösungsorientiertes Menschenbild ist darum weder verbindlich noch abschließend:

MENSCHEN VERFÜGEN ÜBER RESSOURCEN

Ressourcen sind individuelle und kontextuelle Gegebenheiten, die es ermöglichen, Ziele zu realisieren und das Leben wunschgemäß zu gestalten. Beratende betonen nicht die Ursache oder den Erhalt des Problems, sondern gehen davon aus, dass jedes Individuum oder System die Fähigkeit hat, durch die eigenen – allenfalls noch verborgenen oder ungenutzten – Ressourcen Entwicklung und Veränderung zu erreichen. Die Orientierung an Fähigkeiten und an Gelungenem fördert die Bereitschaft des Menschen, sich weiter zu entfalten.

DER MENSCH ALS EXPERTE SEINER SELBST

Ratsuchende sind Experten für ihr Leben und für das, was sie ändern wollen. Beratende nehmen eine Haltung des Nichtwissens ein, denn je weniger sie über eine Situation zu wissen glauben, desto aufmerksamer und interessierter können sie zuhören. Sie helfen Ratsuchenden, ihre eigenen Ziele so konkret wie möglich zu definieren und zu verfolgen. Ratschläge können, auch wenn gut gemeint, kontraproduktiv wirken, weil sie es den Ratsuchenden erschweren, sich selbst produktiv an der Lösung zu beteiligen. Beratende verzichten so weit wie möglich darauf, den Veränderungsprozess der Klientin oder des Klienten durch eigene Vorstellungen, Erfahrungen oder Standpunkte zu beeinflussen. Sie schaffen stattdessen einen Kontext, der zu Entwicklungsschritten einlädt. Die

46   Vgl. Höhener 2007: 35.

lösungsorientiert beratende Person ist Promotor für die Zukunft, sie entwickelt Möglichkeitssinn, aktiviert Ressourcen, ermutigt für den ersten Schritt und bewundert Autonomie.[47]

AUSRICHTUNG AUF DAS POSITIVE UND GELINGENDE

Es gilt, das zu identifizieren, was gut funktioniert. Eine Ausrichtung auf das Positive, auf die Lösung und auf die Zukunft hilft den Ratsuchenden, mentale Repräsentationsrahmen von sich selbst zu formen, wie sie das Problem lösen. Wenn sich Klientinnen und Klienten mit ihren Wünschen befassen dürfen, ist das erfreulicher, als wenn sie sich mit ihren Unterlassungen und Mängeln auseinandersetzen müssen.

AUSNAHMEN WEISEN AUF LÖSUNGEN HIN

Probleme sind nicht statisch, sie variieren. Das gemeinsame Hervorlocken und Konstruieren von Ausnahmen kann dem Klienten und der Klientin helfen, ein Gefühl der Kontrolle über das zu entwickeln, was bis anhin als unüberwindbares Problem galt. Die Erkenntnis, dass das Problem nicht immer gleich stark ist, bewirkt Zuversicht und motiviert, mehr von dem zu machen, was ausnahmsweise bereits einmal ein bisschen funktioniert hat.

NICHTS IST IMMER DASSELBE

Änderung tritt stets auf und ermöglicht Alternativen zum Problem. Sprachlich zeigt sich dies im Gebrauch von Formulierungen, die Dynamik, Befristung oder Veränderbarkeit in sich tragen (z.B. zeigen, werden, scheinen, handeln usw.) anstelle der statischen, unveränderlichen Wirkung des Verbs »sein«; es zeigt sich auch im Vermeiden von generalisierenden Wörtern wie »nie« und »immer«.

KLEINE SCHRITTE FÜHREN ZU GROSSEN ÄNDERUNGEN

Komplexe Problemlagen wirken oft lähmend. Kleine, umsetzbare nächste Schritte oder lösbare Teilaufgaben bewirken Erfolgsgefühle und helfen bei der Entwicklung von Selbstkompetenz. Sie fördern die Zuversicht, dass ein großes Problem Schritt für Schritt gelöst werden kann.

---

47   Vgl. Bamberger 2010: 52.

WAHLMÖGLICHKEITEN FÖRDERN KOOPERATION

Klientinnnen und Klienten versuchen, Probleme auf dem besten Weg, den sie kennen, zu lösen. Entspricht ihr Verhalten nicht den Erwartungen oder der erarbeiteten Lösung, handelt es sich oft weniger um Widerstand als um den Glauben der ratsuchenden Person, die Situation auf diese Weise am besten lösen zu können. Hilfreich ist es, in einer wechselseitigen, kooperativen Beziehung mehr Auswahlmöglichkeiten, Handlungsalternativen oder Verhaltensvarianten zu erarbeiten. Das Verhalten der Ratsuchenden stellt eine, aber nicht die einzige, Möglichkeit des Sich-Verhaltens dar. Obwohl Ratsuchende über eine Vielzahl von Möglichkeiten verfügen, entschließen sie sich oft, vieles von dem, was sie tun könnten, vorläufig nicht oder nur selten zu tun. Manchmal haben sie alternative Verhaltensoptionen schlicht aus den Augen verloren.

KOMPLIMENTE ERMUTIGEN ZU WEITEREN SCHRITTEN

Alle Menschen brauchen positive Aufmerksamkeit, Anerkennung und Ermutigung. Mit treffenden Komplimenten werden die bislang gezeigten Lösungsaktivitäten aufgegriffen und positiv konnotierend verstärkt.

Zum essenziellen Repertoire lösungsorientierter Beratung gehören gezielte Fragen. Systemische und lösungsorientierte Fragen initiieren, nebst einer Klärung, immer auch unterschiedsbildende neue Perspektiven und Optionen auf Veränderung von Kognitionen, Emotionen, Schemata und Verhaltensplänen. Fragen sind nicht einzig Information schaffende Instrumente, sondern zugleich Werkzeuge zur Förderung von Selbstverantwortung und -ermächtigung. Lösungsorientierte Arbeit beruht jedoch nicht auf der simplen, automatisierten Anwendung einer Sammlung von Gesprächs- und Fragetechniken – im Zentrum steht die vorhergehend umrissene innere Haltung der lösungsorientiert beratenden Person.

Verschiedene der beschriebenen Facetten eines systemisch-lösungsorientierten Menschenbildes sind in die Konzeption des Workshops »Fit und fair im Netz« eingeflossen. Dieser wird auf den nächsten Seiten vorgestellt.

DER WORKSHOP »FIT UND FAIR IM NETZ«

IT'S MORE FUN TO LEARN SKILLS
THAN TO GET RID OF PROBLEMS!

Ben Furmann, Psychiater

Der zu diesem Buch gehörende Workshop »Fit und fair im Netz« zeigt Lehrpersonen und Schulsozialarbeitenden eine Möglichkeit auf, die Thematik der neuen Medien und die Problematik von Cyberbullying und Sexting an der Oberstufe (Sekundarstufe I) aufzugreifen. Das Lernarrangement »Workshop« bezeichnet abwechslungsreiches, aktives Lernen in der Gruppe, das von der Mitwirkung und Exponierung der Teilnehmenden geprägt wird. Es verlangt von der Leitung einiges an Flexibilität und Offenheit gegenüber den Teilnehmenden. Die Schülerinnen und Schüler erhalten Raum, um darüber nachzudenken und sich auszutauschen, inwieweit sie das Thema betrifft, was sie bereits erlebt haben und wie sie sich als Involvierte oder Betroffene fühlen würden.

Der Workshop umfasst drei Doppellektionen. Der Grund für die zeitliche Limitierung ist, dass der Workshop einerseits mit dem straffen Unterrichtsplan der Schule vereinbar sein soll und anderseits auch die beschränkten zeitlichen Ressourcen der Lehrpersonen und der Schulsozialarbeitenden – die den Workshop bestenfalls in allen Klassen eines Jahrgangs anbieten – berücksichtigen muss. Das Programm stützt sich auf vier Grundpfeiler:

1 Partizipativer Einbezug der Jugendlichen, der Schülerinnen und Schüler

2 Konstruktive Involvierung der Eltern

3 Ganzheitliche Betrachtung: Förderung von sozialen Kompetenzen sowie einer guten Kommunikations- und Feedbackkultur, on- und ebenso offline.

4 Integration zentraler Aspekte des systemisch-lösungsorientierten Ansatzes[48]:
- Beschreiben der gewünschten Zukunft
- Wahrnehmen der erfolgreichen Vergangenheit (als Ideenquelle)
- Wertschätzen der vorhandenen Stärken
- Mehr von dem tun, was funktioniert

Die Gruppenmitglieder sollen sich als wertvolle Reflexionspersonen erleben können. Indem sie merken, dass sich andere in ähnlichen Situationen befinden, fühlen sie sich nicht mehr alleine, können sich öffnen und sich austauschen. Sie lernen, ihre innere Welt intensiver wahrzunehmen, zu integrieren und mitzuteilen. Dies ist über den Workshop hinaus ein wichtiger Schritt auf dem Weg zu einer konstruktiven Kommunikation und zu hilfreichen Beziehungen innerhalb der Klasse. Der Workshop ist so gestaltet, dass Schülerinnen und Schüler ...

erkennen, dass sie einen wichtigen Beitrag leisten,

durch Zwischenschritte Bestätigung erhalten, dass sie sich auf dem Weg zum Ziel befinden,

bestärkt werden darin, sich nicht vorrangig für die Erwachsenen, sondern vor allem für sich und die eigene Klasse zu verändern und zu engagieren.

48   Vgl. Young 2015: 22.

Hier anschließend findet sich eine grobe Übersicht über die drei Doppellektionen. Ins Buch eingelegt sind Plakate, die die für den Workshop zentralen Geschichten (»Heißer Sommertag« und »Eintätowiert«) illustrieren. Alle Materialen zum Präventionsprogramm wie

- Abläufe,
- Geschichten,
- Arbeitsblätter,
- Spielanleitungen,
- Vorlagen (Elternbriefe),

stehen unter www.hep-verlag.com/fit-und-fair zum freien Download bereit.

Viel Spaß!

WORKSHOP »FIT UND FAIR IM NETZ«: TEIL 1

ZIELGRUPPE:
Sekundarstufe I (1. Oberstufe)

DURCHFÜHRUNGSORT:
Klassenzimmer

ZEITBEDARF:
ca. 90 Minuten

ZIELE:
Die Schülerinnen und Schüler …
- nähern sich durch die Fallgeschichten der Thematik und Problematik an;
- lernen ihre Mitschülerinnen und Mitschüler näher kennen;
- reflektieren über Möglichkeiten, Grenzen und Rechte im Zusammenhang mit persönlichen Bildern;
- involvieren ihre Eltern mittels einer Interview-Hausaufgabe.

VORBEREITUNG:
Blätter kopieren, Fallgeschichte und Musik auswählen (siehe Spalte Material)

INHALT	ZEIT	FORM	MATERIAL
EINSTIEG: Begrüßung, Ausgangslage, Ziele	5	F	1 x Folie 1 zur Projektion
WO WIR STEHEN, WAS WIR WISSEN ODER VERMUTEN (1): S notieren ihr Wissen, ihre Vermutungen, Fragen und Ideen zu den Begriffen »Cyberbullying« und »Sexting«.	10	P/B	1 x Blatt »Cyberbullying bedeutet ...« und 1 x Blatt »Sexting bedeutet ...« (auf A3 vergrößert)
WO WIR STEHEN, WAS WIR WISSEN ODER VERMUTEN (2): L liest Notizen vor, bestätigt, ergänzt, klärt, fragt nach.	5	F	Von S ausgefüllte »Cyberbullying bedeutet ...«- und »Sexting bedeutet ...«-Blätter
FALLGESCHICHTE (1): L liest Fallgeschichte 2 x vor: 1. Durchgang: S legen Kopf auf Pult, schließen Augen, hören aufmerksam zu. 2. Durchgang: S hören nochmals zu und machen sich Notizen auf Rollenblatt (Wer tut was? Wer hat welche Rolle? Charakter? usw.).	15	F/EA	Fallgeschichte auswählen zum Vorlesen Klassensatz »Rollen-Notizblatt«
FALLGESCHICHTE(2): Klasse wird in vier Gruppen aufgeteilt. Jede Gruppe erhält eines der vier Rollen-Frageblät-ter. S tauschen sich aus und beantworten die Fragen.	10	GA	4 x 1 Rollen-Frageblatt der vier Protagonisten und Protagonistinnen
FALLGESCHICHTE (3): Jede der vier Gruppen stellt die Antworten der Klasse vor. L bestätigt, fragt nach, ergänzt, klärt.	10	SV	1 ausgefülltes Rollen-Frage-blatt pro Gruppe
VERNETZUNGSSPIEL »CLUSTER« Die Schülerinnen und Schüler lernen sich näher kennen.	10	B	Musik und Abspielgerät, Spielanleitung (»Vernet-zungsspiel Cluster«)
BILDER VON DIR IM INTERNET (1): Klasse wird in Zweiergruppen aufgeteilt. Auf-gabe: Stelle dir vor, jemand veröffentlicht ohne deine Erlaubnis ein Foto oder Video von dir im Internet: Was wäre dir unangenehm, was am peinlichsten? Warum?	5	GA	

BILDER VON DIR IM INTERNET (2): L sammelt Rückmeldungen (Was wäre dir unangenehm, was peinlich und warum?), notiert auf Tafel und beschreibt ergänzend weitere mögliche Bilder (in der Umkleidekabine, auf der Toilette, in Unterwäsche, betrunken, knutschend, im Schlafanzug, nackt, leidend usw.), gruppiert, rangiert usw. Wie würdest du dich fühlen, wenn ein solches Bild von dir für alle sichtbar wäre (Werbetafel in deinem Quartier, Inserat in der Tageszeitung, Projektion auf Schulhausfassade)?	5	P/F	
BILDER VON DIR IM INTERNET (3): L fragt: Gibt es Regeln zur Erstellung und Verbreitung von Aufnahmen anderer? Wer hat welche Rechte? Wo sind diese geregelt? Persönlichkeitsrecht und »Recht am eigenen Bild« erläutern (wenn jemand ohne Zustimmung bildlich dargestellt wird, wird damit das »Recht am eigenen Bild« verletzt, das im Rahmen des Persönlichkeitsrechts, Art. 28 ZGB, geregelt ist).	5	F/P	
AUFTRAG/HAUSAUFGABEN: 1. Infoblatt lesen und drei Textstellen markieren (Unklarheiten, Neues, besonders Wichtiges usw.). 2. Eltern informieren, interviewen, Kenntnisnahme unterschreiben lassen.	5	F	Klassensatz »Infoblatt« und »Elternbrief 2/Interviewblatt«
RÜCKBLICK, AUSBLICK UND ABSCHLUSS: L: Rückblick: Heute haben wir uns der Thematik mit einer Geschichte angenähert. Ausblick: Nächstes Mal machen wir uns Gedanken darüber, was wir selbst in unserer Klasse tun können, damit uns on- wie offline gute Kontakte gelingen. Ein wichtiger Beitrag dazu ist das Elterninterview. Ankündigung, wann der nächste Workshopteil stattfindet.	5	F	

ABKÜRZUNGEN:

GA = Gruppenarbeit, EA = Einzelarbeit, B = Bewegung, P = Plenum, F = Frontal,

SV = Schüler/innenvortrag, L = Leitung (Lehrperson oder Schulsozialarbeit),

S = Schülerinnen und Schüler

WORKSHOP »FIT UND FAIR IM NETZ«: TEIL 2

ZIELGRUPPE:
Sekundarstufe I (1. Oberstufe)

DURCHFÜHRUNGSORT:
Klassenzimmer

ZEITBEDARF:
ca. 90 Minuten

ZIEL:
Die Schülerinnen und Schüler …
- lernen, dass sich verschiedene Ziele nicht gegenseitig ausschließen müssen;
- tauschen sich über Worte aus, die kein Spaß sind, sondern weh tun;
- ergänzen das vorhandene Wissen mit den Interviewantworten ihrer Eltern;
- machen sich Gedanken darüber, was getan werden kann, damit on- wie offline gute Kontakte gelingen.

VORBEREITUNG:
Blätter kopieren, drei Briefumschläge, Wäscheklammern in drei Farben (zur Gruppenformierung)

INHALT	ZEIT	FORM	MATERIAL
EINSTIEG: Begrüßung, Ausgangslage, Ziele	5	F	Folie 2 zur Projektion
VERNETZUNGSSPIEL »STÜHLE« (1) Drei Gruppen erhalten drei verschiedene geheime Aufträge, wie zwölf Stühle zu platzieren sind. Ist es möglich, dass die Gruppen ihr Ziel erreichen, ohne das unbekannte Ziel der anderen zu verunmöglichen?	15	B/GA	Wäscheklammern in drei Farben, Gruppenaufträge in Briefumschlägen, Spielanleitung »Vernetzungsspiel Stuhl«
VERNETZUNGSSPIEL »STÜHLE« (2): Auswertung Spiel: Was war hilfreich? Was war störend? Transfer: Was bzw. welches Verhalten aus dem Spiel ist auch für ein gutes Klassenklima hilfreich?	5	P	
FERN VON SPASS (1): S schreiben an die Wandtafel, welche Beleidigungen sie nicht als Sprüche hören oder als Onlinepostings lesen möchten (weil es verletzend ist, Missverständnisse auslöst oder Streit provoziert). Alles darf geschrieben werden. L ergänzt Fehlendes (Bsp. Du bist hässlich, fett, dumm, behindert, schwul; Schlampe, Hurensohn, Arschloch, Opfer; Beleidigungen gegen Mutter und andere Familienangehörige; Abwertung der Herkunft oder Religion; Bloßstellung aufgrund Schwächen).	5	P	Wandtafel, Schreibmaterial
FERN VON SPASS (2): Gemeinsam prüfen, ob sich im Notierten Worte oder Sprüche finden lassen, die von Sendenden wie Empfangenden als Spaß empfunden werden (falls vorhanden, Spruch streichen). Mögliche Erkenntnisse: Spaß ist es meistens für die Sendenden. Beleidigungen verletzen oder provozieren sowohl im direkten Gespräch wie in der Onlinekommunikation. Was online läuft, beeinflusst das Klassenklima (und umgekehrt).	10	P	

BESPRECHUNG HAUSAUFGABE: Infoblatt: L holt vier bis fünf Rückmeldungen von S ein (Unklares, Neues, Wichtiges). Interview-blatt: L holt pro Interviewfrage zwei bis drei Elternantworten ein.	10	P/F	Infoblatt und ausgefülltes Interviewblatt der S.
SCHRITT FÜR SCHRITT ZUM ZIEL: Notiere und rangiere deine besten Ideen für Fairness im Netz. Als Inspiration darf das bereits gesammelte Wissen (Besprochenes, Infoblatt, Elterninterview) beigezogen werden.	10	EA	Klassensatz »Schritt für Schritt zum Ziel«
VIER-PUNKTE-PLAN (1): Klasse wird in Vierergruppen aufgeteilt. Grup-penmitglieder stellen sich ihre Ideenrangliste vor (Blatt »Schritt für Schritt zum Ziel«), suchen nach Gemeinsamkeiten und einigen sich auf ihre vier besten Ideen für Fairness im Netz.	10	GA	Vier-Punkte Pläne (1 Blatt pro Vierergruppe)
VIER-PUNKTE-PLAN (1): Jede Gruppe stellt ihre vier besten Ideen der Klasse vor.	10	SV	Ausgefüllte Vier-Punkte-Pläne
AUFTRAG/HAUSAUFGABEN: Beobachtet und notiert, wie ihr es schafft und was hilfreich ist, dass ihr euren Vier-Punkte-Plan umsetzen könnt. Was tut ihr, was nicht, was anders? Oder (optinal): S formulieren ein starkes Statement für Fairness im Netz. Mögliche Belohnung: Schreibende ausgewählter guter Statements dürfen während des Unterrichts an Fotoshooting, werden Teil einer Plakataktion und erhalten ein eigenes Plakat (Format A3).	5	F	Klassensatz »Starkes State-ment«
AUSBLICK UND ABSCHLUSS: L: Rückblick: Heute haben wir uns Gedanken darüber gemacht, was wir selber hier vor Ort für Fairness im Netz tun können. Ausblick: Auf nächstes Mal mache ich als L auch Hausauf-gaben und werde aus all euren guten Ideen sechs bis sieben zentrale Punkte (mehr Ideen lassen sich im Alltag schlecht merken) für einen Klassenkodex herausfiltern. Ankündigung, wann der dritte und abschließende Workshopteil stattfindet.	5	F	

WORKSHOP »FIT UND FAIR IM NETZ«: TEIL 3

ZIELGRUPPE:
Sekundarstufe I (1. Oberstufe)

DURCHFÜHRUNGSORT:
Klassenzimmer

ZEITBEDARF:
ca. 60 bis 90 Minuten

ZIELE:
Die Schülerinnen und Schüler ...
- lernen, wie sie klar, aber fair Grenzen setzen können;
- erhalten die Zusammenfassung ihrer Ideen als Klassenkodex;
- Unterschreiben den Klassenkodex für Fairness im Netz.

VORBEREITUNG:
Kodex erstellen (aus den Vier-Punkte-Plänen der S und in Anlehnung an Beispiel/Vorlage, ergänzt mit Empfehlungen von Experten), Blätter ausdrucken, eventuell Fröbelturm (optional)

INHALT	ZEIT	FORM	MATERIAL
EINSTIEG: Begrüßung, Rückblick, Ziele	5	F	Folie 3 zur Projektion
VERNETZUNGSSPIEL »TURM« (OPTIONAL): Der Fröbelturm ist ein klassenverbindendes Aktionsspiel, das hervorragend aufzeigt, wie wichtig der konstruktive Beitrag jedes Klassenmitgliedes ist. Da das Spiel speziell angeschafft oder vorgängig selbst hergestellt werden muss (Bauanleitungen lassen sich im Internet finden), ist dieser Programmpunkt optional.	30	B	Fröbelturm, Spielanleitung (im Downloadbereich)
HAUSAUFGABE: L sammelt Rückmeldungen zur Beobachtungsaufabe: Welche Beobachtungen habt ihr gemacht? Welche kleinen und großen Tricks waren hilfreich, um eure guten Ideen (Vier-Punkte-Plan) umzusetzen? Oder (optinal): L zieht von S Statementblätter ein und informiert über weiteren Verlauf (Auswahl, Rückmeldung, evtl. Preis für Gewinnerinnen und Gewinner, Fotoshooting, Ausstellung).	5	F	Ausgefülltes Blätter »Starkes Statement«
FAIRES STOPPSIGNAL: Wie kann man fair, aber dennoch klar Grenzen setzen? Die S formulieren ein eigenes Stoppsignal und testen es anschließend in Zweiergruppen.	15	P/GA	Klassensatz Blatt »Faires Stoppsignal«
KLASSENKODEX FÜR FAIRNESS IM NETZ: Loben für gute Ideen (viele Ideen der S decken sich mit Ratschlägen von Experten). Kodex gemeinsam lesen. Erkennen die S ihre Ideen wieder? Sind alle einverstanden? Sind die Abmachungen sinnvoll und anwendbar? A3-Exemplar wird von allen S unterzeichnet und zur Erinnerung im Klassenzimmer aufgehängt.	25	P/F	Infoblatt und ausgefülltes Interviewblatt der S.
AUFTRAG/HAUSAUFGABEN: Eltern Abschlussbrief abgeben. Brief beinhaltet Hinweis auf gemeinsam ausgearbeiteten Kodex und evtl. nähere Informationen zum Elternabend.	5		Klassensatz Blatt »Kodex«. Ein Exemplar auf A3 vergrößert.

ABSCHLUSS	5		Klassensatz Blatt »Elternbrief 3«

WORKSHOP »FIT UND FAIR IM NETZ«: ONLINE-MATERIALIEN

Folgende Materialien zum Workshop stehen unter
www.hep-verlag.com/fit-und-fair
zum Download bereit. Die Texte, Formulare, Info- und Arbeitsblätter dürfen für den eigenen Unterricht frei verwendet und verändert werden.

TEIL 1
- Lektionsvorbereitung
- Elternbriefe 1 und 2
- Folien, Infoblätter, Bildmaterial zu Sexting und Cyberbullying
- Arbeitsblätter zu Sexting und Cyberbullying
- Arbeitsblätter zu den Geschichten
- Übungs-/Spielanleitungen

TEIL 2
- Lektionsvorbereitung
- Folien, Infoblätter
- Arbeitsblätter
- Vier-Punkte-Plan
- Übungs-/Spielanleitungen

TEIL 3
- Lektionsvorbereitung
- Elternbrief 3
- Folien, Infoblätter
- Arbeitsblätter
- Vorlagen für Kodex/Vertrag
- Übungs-/Spielanleitungen

LITERATUR

AVENIR SOCIAL/SSAV (2016). Leitbild Soziale Arbeit in der Schule.
URL: http://ssav.ch/download/241/Leitbild%20Schulsozialarbeit.pdf [13.7.16].

BAESCHLIN, LUKAS/HAAS, FELIX/WEHRLI, MATHIAS/WITTWER, HANS-HEIRI (2007).
Lernen oder Leiden? Winterthur: Verlag ZLB.

BAMBERGER, GÜNTER (2010). Lösungsorientierte Beratung. Weinheim: Beltz.

BERG, INSOO KIM/SHILTS, LEE (2005). Der WOWW-Ansatz. Winterthur: Verlag ZLB.

CHEN, STEPHANIE (2010). States rethink 'adult time for adult crime'.
URL: http://edition.cnn.com/2010/CRIME/01/15/connecticut.juvenile.ages/index.html [13. 7. 2016].

DE JONG/BERG (2014). Lösungen (er-)finden. 7. Aufl. Basel: Borgmann.

DRILLING, MATTHIAS (2009). Schulsozialarbeit – Antworten auf veränderte Lebenswelten.
4. Aufl. Bern: Haupt Verlag.

FERCHHOFF, WILFRIED (2010). Jugend- und Jugendkulturen im 21. Jahrhundert.
2. Aufl. Wiesbaden: Springer VS Verlag.

GASSER, URS/CORTESI, SANDRA/ GERLACH, JAN (2012). Kinder und Jugendliche im Internet.
Bern: hep Verlag.

HÖHENER, KATI (2007). SOS in Schule und ihrem Umfeld. Luzern: Interact Verlag.

HORX, THOMAS in: Der Spiegel 13/2015: 63.

KRUSE, PETER (2010). What's next? Wie die Netzwerke Wirtschaft und Gesellschaft revolutionieren.
URL: http://de.scribd.com/doc/29900810/republica2010 [13.7.16].

LARGO/CZERNIN (2011). Jugendjahre. Kinder durch die Pubertät begleiten. München: Piper.

LAUPER, ESTHER/DE BONI, MICHAEL (2011). Nur Flausen im Kopf? Jugendliche verstehen. Bern: hep Verlag.

MAINES/ROBINSON (2003). Crying for help: The no-blame approach to bullying.
4. Aufl. Bristol: Lucky Duck.

OLWEUS, DAN (1993). Bullying at school: What we know and what we can do. Oxford: Blackwell.

PFEIFER, DAVID (2007). Klick – Wie moderne Medien uns klüger machen. Frankfurt am Main:
Campus Verlag.

PIESCHL, STEPHANIE/PORSCH, TORSTEN (2012). Schluss mit Cybermobbing! Weinheim: Beltz
Verlag.

PRENSKY, MARC (2001). Digital Natives. Digital Immigrants. URL: www.marcprensky.com/writing/
Prensky%20%20Digital%20Natives%20Digital%20Immigrants%20-%20Part1.pdf [13.7.16].

SMITH, PETER K./MAHDAVI, JESS/CARVALHO, MANUEL/FISHER, SONJA/RUSSELL, SHANETTE/TIP-
PETT, NEIL (2008). Cyberbullying: its nature and impact in secondary school pupils. In: Journal of
Child Psychology and Psychiatry. 49. Jg. (4). S. 376–385.

STEINER, THERESE (2011). Jetzt mal angenommen ... Heidelberg: Carl-Auer Verlag.

STEINER, THERESE/BERG, INSOO KIM (2008). Handbuch lösungsorientiertes Arbeiten mit Kindern.
3. Aufl. Heidelberg: Carl-Auer-Verlag.

URECH, CHRISTIAN (2009). Rauchen, Saufen, Kiffen. Zürich: Atlantis Pro Juventute.

YOUNG, SUE (2015). Lösungsfokussierte Schule: Jenseits von Anti-Mobbing. Bad Homburg:
Solutions-Academy.

QUELLENNACHWEIS DER EINFÜHRENDEN ZITATE:

WIR ENTWICKELN VIEL SCHNELLER NEUE DINGE, ALS WIR MIT IHNEN UMGEHEN KÖNNEN – ALS BENUTZER, VOR ALLEM ABER ALS MENSCHEN UND ALS GESELLSCHAFT.
Bauer, David in: Ders. (2010) Kurzbefehl – Der Kompass für das digitale Leben.
Basel: Echtzeit. Umschlagtext Buchrücken.

HALLO WELT, KANNST DU MICH HÖREN? DU DARFST MICH NICHT BEIM CHATTEN STÖREN.
MEIN TAGESABLAUF IST SEHR KLEIN, DENN ICH BIN DURCHGEHEND ONLINE, ONLINE …
Aus dem Lied »Durchgehend online« von Heiko und Roman Lochmann
URL: www.youtube.com/watch?v=vK2iIjHze2A [Zugriff: 30. Mai 2016].

DIE EINEN HEULEN RUM, ANDERE SPUCKEN GIFT UND GALLE, SIE IST BLIND VOR LIEBE, ALLE SIND WIR ÜBERFORDERT: WILLKOMMEN IM DIGITALEN LEBEN!
Bauer, David in: Ders. (2010). Kurzbefehl – Der Kompass für das digitale Leben. Basel: Echtzeit. Seite 5.

THINK ABOUT IT LIKE SLEEP. IF SOMEONE WAS INTERRUPTED EVERY 15 MINUTES WHILE THEY WERE TRYING TO SLEEP, YOU WOULDN'T THINK THEY'D BE GETTING A GOOD NIGHT'S SLEEP. SO HOW CAN GETTING INTERRUPTED ALL DAY LONG LEAD TO A GOOD DAY'S WORK?
Jason Fried, Software-Entwickler
URL: https://m.signalvnoise.com/is-group-chat-making-you-sweat-744659addf7d#.8plmpurua
[Zugriff: 30. Mai 2016].

FACEBOOK UND TWITTER SIND DIE DROHNEN DER KOMMUNIKATION – MAN KANN VOM SOFA AUS JEMANDEN ABSCHIESSEN ODER SICH AN DER HYSTERISCHEN HAUE BETEILIGEN, DENN MAN MUSS DEM GEGENÜBER NICHT INS GESICHT SEHEN DABEI. DIE SOZIALEN MEDIEN FÖRDERN DAS VERHEERENDSTE ÜBERHAUPT: DAS MITLÄUFERTUM. MAN IST TEIL EINER MASSE, IN WELCHER MAN SICH VERSTECKEN KANN.
Bettina Weber, Journalistin
URL: http://sonntagszeitung.ch/read/sz_10_04_2016/gesellschaft/Wieso-ich-mich-Facebook-verwei-gere-60559 [Zugriff: 30. Mai 2016].

DIE SELBSTDARSTELLUNG IM NETZ IST AUCH EINE SUCHE NACH ZUSTIMMUNG UND ANERKENNUNG.
Franz Josef Röll, Soziologe und Medienpädagoge
In: Curaviva 10/2015: 18.

DIE WECHSELSEITIGE DAUERBEOBACHTUNG DURCH BILDER IST DAS SCHICKSAL EINER GENERATI-
ON GEWORDEN, AN DER DIE BÜRGERRECHTSKÄMPFE GEGEN DEN ÜBERWACHUNGSSTAAT OFFEN-
BAR SPURLOS VORÜBERGEGANGEN SIND. [...] MEIN ICH IST JEDERZEIT EINSEH- UND KONSUMIER-
BAR. NUR WER SICH VERSTECKT, WER KEIN HANDY, KEIN BILD UND KEINE ORTUNG VORWEISEN
KANN, IST VERDÄCHTIG.
Dirk Schümer, Autor
In: Die Welt 52/2015: 47.

TEILEN IST GUT. ABER MEIN PASSWORT GEHÖRT NUR MIR.
Harbin, 14, Schüler
Mündlich, anlässlich des Workshops »Fit und fair im Netz«.

KEIN LEBENSALTER BIETET SO VIEL VITALITÄT, NEUGIER UND BEGEISTERUNGSFÄHIGKEIT WIE DIE
JUGEND. ABER: IN KEINER LEBENSPHASE SIND MENSCHEN ANFÄLLIGER FÜR PROBLEME, DIE DIE
EIGENEN LÖSUNGSMÖGLICHKEITEN ÜBERSTEIGEN, ALS IN DER JUGEND.
Christiane Bauer, Sozialpädagogin
In: Dies./Hegemann, Thomas (2008). Ich schaffs! Cool ans Ziel. Heidelberg: Carl-Auer Verlag. Seite 11.

DO OUR DEVICES DIVIDE US?
Eric Pickersgill, Fotograf
URL: www.ericpickersgill.com/#behavior-lag-1 [13.7.16].

ERZIEHUNG IST DER BESTE FILTER FÜR GEFAHREN IM INTERNET.
Divina Frau-Meigs, Mediensoziologin
Mündlich anlässlich eines Referats am 3. Nationalen Fachforum Jugendmedienschutz,
7. September 2015, Zentrum Paul Klee, Bern.

WIR SIND VERMITTLER VON NEUEN KOMPETENZEN, VON DENEN WIR NICHT GENAU WISSEN,
WOHIN SIE FÜHREN.
Divina Frau-Meigs, Mediensoziologin
Mündlich anlässlich eines Referats am 3. Nationalen Fachforum Jugendmedienschutz,
7. September 2015, Zentrum Paul Klee, Bern.

WIR KONNTEN […] NACHWEISEN, DASS JUGENDLICHE, DIE IHR HANDY REGELMÄSSIG WÄHREND
DER NACHT BENUTZEN, DEUTLICH MEHR ÜBER MÜDIGKEIT UND ERSCHÖPFUNG KLAGTEN. GENE-
RELLE VERBOTE HALTE ICH AB EINEM GEWISSEN ALTER NICHT FÜR SINNVOLL; ABER ES BRAUCHT
GRENZEN.
Martin Röösli, Epidemiologe
In: Tages-Anzeiger, 31. März 2016: 19.

NIEMAND WIRD BESTREITEN, DASS DIGITALE MEDIEN RISIKEN DARSTELLEN KÖNNEN, ABER DER
BESTE SCHUTZ VOR DEN GEFAHREN IST DIE BEFÄHIGUNG ZUM UMGANG MIT IHNEN.
Monika Luginbühl, Sozialarbeiterin und Erwachsenenbildnerin
In: Sozial Aktuell 11/2013: 29 (Bericht »Medienkompetenz als Schlüssel zur Partizipation?!« von
Monika Luginbühl) URL: www.medienundsozialpädagogik.ch/images/content/Fachtexte_als_pdf/7.
MedienkompetenzalsSchlsselzurPartizipation.pdf [13.7.16].

REICHEN KLICKS UND LIKES FÜR EIN SOZIALES MITEINANDER?
Slogan aus der Kampagne »Du bist ein Gewinn«
Eine Initiative der Deutschen Fernsehlotterie. URL: www.du-bist-ein-gewinn.de/fragen/klicks-li-
kes-soziales-miteinander/ [13.7.16].

EMPATHIE GIBT'S NICHT IM APP STORE.
Graffiti in Hamburg
URL: www.ruprecht.de/?p=5972 [13.7.16].

WAS ICH HEUTE BIN, IST EIN HINWEIS AUF DAS, WAS ICH GELERNT HABE, ABER NICHT AUF DAS,
WAS MEIN POTENZIAL IST.
Virginia Satir, Familientherapeutin

IT'S MORE FUN TO LEARN SKILLS THAN TO GET RID OF PROBLEMS!
Ben Furmann, Psychiater
URL: http://www.kidsskills.org/english/WhatIsKidsskills.html [13.7.16].

EMPFEHLENSWERTE FILME:

AMATEUR TEENS: Jeder sieht, wie du scheinst. Keiner fühlt, wer du bist. Hilber, 2015.

CHECK DEIN PROFIL, BEVOR ES ANDERE TUN. Lindemann Rosinski, 2011.

GEMEINSAM ALLEIN. Kässbohrer, 2008.

HOMEVIDEO. Riedhof, 2011.

LET'S FIGHT IT TOGETHER. Childnet (ohne Jahreszahl).

SEXTING. SRF MySchool, 2014.

SHEEPLIVE. eSlovensko, Baran/Drobny, 2009–2012.

WO IST KLAUS? Ogilvy/Mather/Begbie, 2005.

EMPFEHLENSWERTE INTERNETSEITEN:

www.handysektor.de

www.jugendundmedien.ch

www.klicksafe.de

www.projuventute.ch

www.saferinternet.at

www.schau-hin.info

www.skppsc.ch

> alle [13.7.16].